燎原的星火

——博物馆红色教育理念与实践论文集

湖南博物院　主编

天津大学出版社
TIANJIN UNIVERSITY PRESS

图书在版编目（CIP）数据

燎原的星火 ： 博物馆红色教育理念与实践论文集 / 湖南博物院主编. -- 天津 ： 天津大学出版社， 2024. 8.
ISBN 978-7-5618-7777-7

Ⅰ. D642

中国国家版本馆CIP数据核字第2024XX2002号

出版发行 天津大学出版社
地　　址 天津市卫津路92号天津大学内（邮编：300072）
电　　话 发行部：022-27403647
网　　址 www.tjupress.com.cn
印　　刷 廊坊市海涛印刷有限公司
经　　销 全国各地新华书店
开　　本 710mm×1010mm　1/16
印　　张 15.5
字　　数 241千
版　　次 2024年8月第1版
印　　次 2024年8月第1次
定　　价 62.00元

凡购本书，如有缺页、倒页、脱页等质量问题，烦请与我社发行部门联系调换

版权所有　　侵权必究

编委会

总　编：段晓明

副总编：张晓娅

主　编：李茜子

编　委：胡伟矗　谢丽丽

顾　问：刘　涛

目　录

基于博物馆“点－链－线－面”的红色教育体系构建方法初探

以“芳草之地 红满潇湘——湖南省博物馆馆藏革命文物专题展”为例

谢丽丽

2021 年恰逢中国共产党百年华诞，湖南省博物馆（后改名为“湖南博物院”）推出“芳草之地 红满潇湘——湖南省博物馆馆藏革命文物专题展”，其运用“点－链－线－面”的博物馆红色教育体系构建方法，设计开发了一系列红色教育活动，深入挖掘红色文物所蕴含的思想政治教育资源，借助湖南省博物院成熟的教育体系和合作教育联盟，在红色热土上引导观众感悟红色革命的精神内核，传承红色基因，激发爱国热情。

专题展览指的是博物馆在基本陈列之外举办的一些短期的、临时的专题性展览，又被称为“临时展览”。博物馆的专题展览是基本陈列的有效补充，在展览主题多样性、展示手段灵活性、展出时间时效性等方面独具优势，是博物馆与公众沟通的桥梁，是博物馆保持生机活力、保障公众文化权益、保证可持续发展的重要手段。

湖南红色革命文化资源极为丰富，三湘大地宛若一座没有围墙的革命历史博物馆。湖南有着“十步之内，必有芳草”“寸土千滴红军血，一步一尊英雄躯”的美誉。2021 年是中国共产党成立 100 周年，为庆祝中国共产党百年华诞，湖南省博物馆特别举办大型原创展览“芳草之地 红满潇湘——湖南省博物馆馆藏革命文物专题展”。展览遴选馆藏革命文物 300 余件（套），围绕“芳草之地 红满潇湘”主题，以中国共产党在湖南革命的历史为主线，通过“弄潮儿向涛头立”“百万工农齐踊跃”“遍地英雄下夕烟”“为有牺牲多壮志”四个单元，阐释文物的文化内涵和时代价值，解读文物背后的故事，展示“红色芳草”的英雄事迹和崇高品格。红色文化教育是培育受众文化自信、强化理想信念的优良载体和有效方式，在秉承思辨创新、追求卓越的工作理念下，湖南博物院教育中心配合展览通过运用“点－链－线－面”的博物馆红色教育体系构建方法，设计开发了“童心向党”志愿服务项目、“青春向党”特色主题导赏、“奋勇前进新征程”少年党课、“红歌唱响新时代”成人音乐党课、“藏在博物馆里的红色故事”教育微课程、“踏芳而行，潇湘红色足迹寻”校园巡展、“阅读湖湘 红色之旅”研学教育项目等丰富多彩的教育活动。

红色展览与历史文物展的区别在于故事性强、主题鲜明，时间跨度不大，对于博物馆教育者而言，其更易于从展览中抓住内容“重点”，将英雄人物、重大历史事件、重要文物提取出来，通过整合关联性，构建横向“知识链”，然后通过不同的教育产品形式构建纵向“产品线”，“线”“链”相互关联，纵横交织形成一张覆盖不同人群的、各有特色的、全方位的、多角度的面状教育网。“点－链－线－面”的红色教育体系是一种全面、系统、多层次、多维度的教育方法，同一教育方法在不同的教育背景下有多种教育理论研究和阐释方式（图 1）。从教育角度来讲，“点”指的是教学重点，包括展览涉及的重点文物、重要历史事件、重要历史人物；从地点方位来讲，“点”指的是博物馆教育研发所涉及的研学地点、重点文物保护单位、重要文化遗址；从受众群体来讲，“点”指的是个体，因此，教育者前期须进行深入历史研究并开展教育教学重构，打牢核心基础工作。“链”指的是横向的教育“知识链”“区块链”“社会链”，将有相关性的重点、亮点串成链条，形成各具特色的历史、思政、艺术等多学科链化布局。“线”是指纵向宣教“产品线”。宣教“产品线”不仅包括配套博物馆主题教育所研发的教育盒子、教育材料包，还包括博物馆研学课程及路线、线上教育产品等。“面”是指教育覆盖面，通过左右拓展、纵横推进、融合发展，发挥合作联盟阵地作用，形成面状生态教育体系。此外，“面”还包括博物馆教育者从全局角度考虑博物馆教育对受众的全面发展影响力。

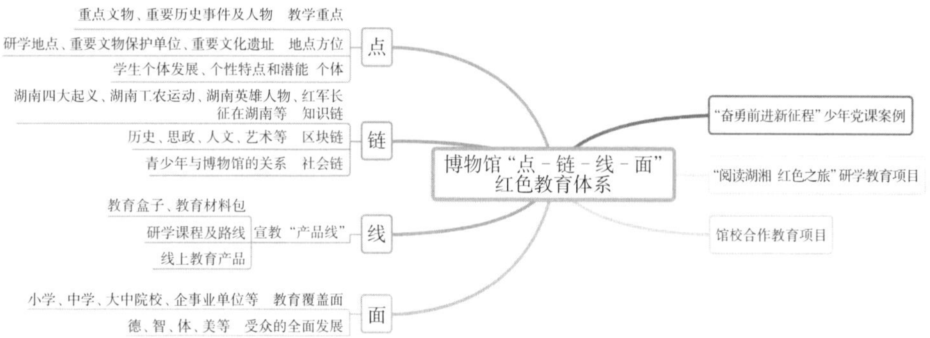

图 1 湖南省博物馆红色教育体系架构图

1 “奋勇前进新征程”少年党课案例剖析

博物馆教育产品的品质需要专业的教学策略和教学规划作为保障。“奋勇前进新征程”少年党课采用“点 - 链 - 线 - 面”的红色教育体系，以青少年的兴趣点、知识背景、教育目标为出发点，让青少年通过自主、合作、探究等学习方式来进行教学规划。为确定教学重点，在课程前期策划阶段，红色教育项目组打印展览大纲，按照展览四个章节的结构进行梳理，提炼重点文物、重要历史事件、重要党史人物并用不同颜色的贴纸标识，形成思维导图框架。此外，研究 9~12 岁青少年的校本课程，调查其所熟知的党史人物、重要历史事件，经过科学分析后选取展览第三部分“遍地英雄下夕烟”为教学重点内容，其中又以耳熟能详的党史人物贺龙为中心，结合展览中的1916年贺龙率众攻打芭茅溪盐务局时使用的护手单刀、贺龙赠给德门的铜墨盒、贺龙在抗日战争时期使用过的马褡子等重点文物信息进行教育教学重构。“知识链”是指主题串联人物、文物、事件、图片形成的知识链。在该展览中，红色教育小组分层分级研发课程主题，挑选文物组合课程框架，将同一主题下的相似性知识进行有效衔接，使教学内容更聚焦，主线更突出。“奋勇前进新征程”少年党课，以贺龙的生平事迹、革命历程为主线，将湘鄂川黔革命根据地的建立、红军与百姓的鱼水情、红军长征的过程与意义等历史知识进行有效串联，通过寓教于乐的教学形式（包括朗诵诗歌、学唱民歌、展厅讲解、视频教学等多种手段），形成历史、思政、艺术多学科的链化布局。在宣教“产品线”中，“奋勇前进新征程”少年党课打破传统的手工制作体验环节，自制游戏互动教具，以分组对抗的形式，通过“举一反三听指挥”“争分夺秒——红色知识连连看”“重走长征路——翻雪山，过草地”等环节，让青少年在课程中通过相互合作、探究学习等方式，多角度深入解读湖湘历史名人，细致了解红军长征在湖南的发展脉络，感受浓厚的军民鱼水情与长征精神的核心内容，鼓励学生向先辈学习，发扬自力更生、艰苦奋斗的精神，引导青少年知史爱党、知史爱国，争做新时代的好少年（图2~5）！

图2　展厅导赏环节

图3　“争分夺秒——红色知识连连看”环节

图 4 “重走长征路——翻雪山，过草地”环节

图 5 “举一反三听指挥”环节

2 “阅读湖湘 红色之旅”研学教育项目案例剖析

湖南是一方红色沃土，红色文化资源遍布三湘四水。据不完全统计，湖南省拥有红色革命遗址遗迹 2000 余处，全国爱国主义教育示范基地 30 余处，省级爱国主义教育基地 100 余处。红色研学在新时代能给人们带来无限的精神鼓舞和不灭的红色信仰。“阅读湖湘 红色之旅”研学教育项目将“点 - 链 - 线 - 面”的红色教育体系融入其中，开创了博物馆红色研学的新局面。在该教育项目中，“点”指的是全省重点文物保护单位、红色教育研学点，湖南博物院教育中心梳理全省的重点文物保护单位、纪念馆、博物馆、研学地点，专程赴实地进行踩点调研与深度访谈，了解每处重点文物保护单位、研学地点展示的红色历史内容，并形成详细的调研报告，行程涵盖湖南省的 14 个地级市州，包括汝城、永顺、桑植、宜章、衡山、株洲、浏阳、平江等地。“链”指的是研学产业链。“阅读湖湘 红色之旅”研学教育项目将红色场馆、体育竞技、乡村体验、实景解谜等串联起来，形成全域研学产业链，例如：在“调研实践出真知”研学课程中，研学导师与学生沿着毛泽东考察湖南农民运动路线，走进红色乡村，在田间地头、农村大集、街头巷尾感受农民的生活，通过产业发展、人居环境、乡村文明、基层治理等农村重点工作感受基层党组织的凝聚力、扶贫产业的蓬勃发展、新时代农民的精神风貌。“线”指的是设计科学合理的研学线路，“阅读

湖湘红色之旅”研学教育项目以研学主题为中心，按主题内在逻辑顺序形成研学线路。“阅读湖湘 红色之旅”研学教育项目共分为五条研学线路：湘中线——“群星璀璨寻真理”、湘东线——“调研实践出真知”、湘北线——“青春热血铸湘魂”、湘西线——“星星之火可燎原”、湘南线——“红军长征在湖南”等五大特色研学线路。湖南博物院与地级市州博物馆、红色纪念馆、研学教育基地携手建立强大的教育联盟，在教育目标的指导下不断形成新的联结，不断创新全省红色文物资源的诠释与利用方式，发现新的红色资源的教育应用场景，讲述湖南全域红色故事（图 6、图 7）。

图 6　调研座谈

图 7　参观展览

3　馆校合作教育案例剖析

“点”是指学生个体化发展。“点”教育方法注重发掘每个学生的个性特点和潜能，注重培养学生的自主学习能力和创新能力。例如：在馆校合作教育项目中，我们注重引导学生在掌握文物基础知识后进行讲解词的撰写（图 8），引导学生进行独立思考，锻炼创造性思维，整合文物信息，形成自己的见解和观点，加深对文物的理解。“链”是指学生与社会的联系。“链”教育方法注重培养学生的社会责任感和公民意识，鼓励学生参与社会实践和志愿服务。例如：湖南博物院教育中心分别与中南大学外国语学院、湖南大学外国语学院、湖南女子学院签订“大学生社会实践基地”共建协议，在劳动节、国庆节等法定节假日以及寒暑假组织大学生参与博物馆社会实践活动（图 9）。“线”是指学生之间的联系。“线”教育方法注重培养学生的合作精神和团队意识，鼓励学生在学习中相互交流、相互帮助，形成良好的学习氛围。例如：湖南博物院教育中心与湖南省教育局合作开展“童心向党”志愿服务项目，学校从各年级选拔优秀学生组成“宣讲团”（图 10）。童心向党志愿者两人一组，同讲一件文物，小志愿者之间相互练习、相互学习。在服务观众时，一人负责组织观众、引导观众文明参观；另一人则负责介绍文物，完成一次观众服务后，两人交换岗位进行实践。“面”是指学生的全面发展。“面”教育方法注重培养学生的多元智能和综合素质，关注学生的身心健康、情感发展、审美素养等方面，促进学生的全面发展。例如：湖南省博物馆与长沙市芙蓉区教育局策划了“踏芳而行，潇湘红色足迹寻”红色主题校园巡展活动，以“图片 + 文字”的呈现形式，打造红色印记“微展览”，芙蓉区大同古汉城小学、育英第二小学、燕山小学等 23 所馆校美育联盟校的 28 000 余名学生参与活动（图 11）。在校园巡展展出期间，芙蓉区大同古汉城小学、育英第二小学等学校将展览与教学相结合，美术教师针对不同学段的学生，展开了“红色精神留心底”“红星闪闪亮”等相关美术课程的教学。学生用画笔记录下革命烈士的光荣事迹，展示红色精神；剪出一颗颗红星，抒发对革命先烈的敬意。这种“展教结合”的馆校合作模式，充分发挥了馆校资源优势，对校园巡展进行了有效的拓展和延伸。

图 8　教育员指导学生撰写讲解词

图 9　大学生社会实践

图 10 “童心向党”志愿服务项目

图 11 “踏芳而行，潇湘红色足迹寻”红色主题校园巡展

每一处革命遗迹、每一件珍贵文物、每一个革命先烈的故事都是鲜活的教材，都折射着革命先辈们崇高的理想、坚定的信念以及爱国主义的光芒。配合红色主题展览、统筹学校教学资源、丰富教育活动形式、提升理论学术研究、聚焦培养核心素养，湖南博物院借此展览构建“点 - 链 - 线 - 面”教育格局，在工作模式创新、教育形式探索、教育科学研究、教育资源整合等方面进行突破，在红色教育方面做出了积极探索，让“红色文化”发挥教化育人、凝心聚力的重要作用，其产生的良好社会效应值得进一步研讨与交流。

谢丽丽，湖南博物院

参考文献

[1] 王楚颖. 游戏化视野下的史料教学：以《宋元时期的都市和文化》为例 [J]. 中学历史教学，2018（9）：15-17.

红色文化精神与思想政治教育工作的融合应用

接受理论视域下的探析

陈晓冉

红色文化精神蕴含的特殊价值在思想政治教育工作方面发挥着独一无二的引导功能，其通过文化的传递为思想政治工作提供新思路、新方法；但因受重视程度不足、表现方式陈旧单一、开发利用方式不妥等诸多因素的影响，难以发挥应有的作用。本文试从接受理论角度，打破原有局限性，创新思路，探析红色文化精神与思想政治教育之间的关系，将二者进行融合，以促进红色文化精神在增强民族凝聚力、缓和社会矛盾、提升民众思想道德水平等方面发挥应有的效用，推动思想政治教育工作的前进，助力新时代中国特色社会主义社会的和谐发展。

思想政治教育，是社会团体或组织利用一定的思想观念、政治观点、道德规范使其成员形成符合当下社会要求的思想品德的社会实践活动。加强思想政治教育工作，不仅可以唤醒人们对历史的集体记忆，增强对历史的认知，从而规范人们的思想行为，还能发挥职工主观能动性，降低管理难度和管理成本，提升管理效率。习近平总书记曾在全国高校思想政治工作会议上指出，做好高校思想政治工作，要因事而化、因时而进、因势而新。由此也侧面反映了各层级、各社会团体做好思想政治教育工作的必要性和重要性。

思想政治教育是社会精神文明建设的首要内容。虽然一直以来各地区、各层级、各行业都在开展思想政治教育工作，但目前开展的相关工作更像硬性任务，没有弹性与针对性，没有清晰的目标，普遍呈现出疲软的状态，缺乏一针有力的强心剂。红色文化资源作为思想政治教育资源当中一种特殊的存在，有着至关重要的作用和举足轻重的地位。所谓红色文化，“指的是红色文化物质形态的客观存在以及体现红色文化内涵的非物质存在（或精神存在）。红色文化是中国先进文化的有机构成，红色文化的先进内涵与社会主义核心价值体系一脉相承，为建设社会主义核心价值体系提供了优质资源”[1]。一般而言，红色文化表现为物质、制度和精神三种形态，其物质层面的表现形式主要是博物馆、纪念馆、人物故居、红色遗址遗迹、书籍；制度层面主要表现为党在革命、建设、改革时期形成的体制机制、纲领、路线等。而这两个层面所蕴含的党的革命史、奋斗史、发展史，凝聚的坚定的理想信念、崇高的革命精神和强烈的集体意识等就是红色文化中的精华——红色文化精神和思想。红色文化凭借其原生性、直观性与衍生性，彰显出独有的内涵和魅力，为思想政治教育工作提供着源泉与动力，引领着新时代价值观与理想信念的建立，影响着社会精神文明的形成与建设。红色文化精神是红色文化资源中的精华，它产自红色文化，与其一脉相承，又对其延伸与升华。红色文化精神和思想政治教育之间有着难以割断的关系，彼此渗透影响。在新的历史条件下，我们应该用发展的眼光、新的视角去探究这二者之间的关系变化。

1 接受理论的创新应用

1.1 接受理论拓展与延伸

接受理论，又称接受美学，最初是一种文学批评理论。接受理论的鲜明特点在于它强调接受主体的能动性和重要性，以及接受主体与客体之间的联系、对话与互动。随着接受理论的不断成熟和扩展，它已经不再仅仅局限于狭小的文学领域，在翻译学、广告学、传播学等诸多方面都被广泛运用。这种主客体之间相互作用的辩证接受过程，也为运用红色文化精神、研究思想政治教育工作提供了新的思考方法和理论参照。

1.2 被动接受局面的逆转

将红色文化植入思想政治教育工作，从接受理论视域纵观整个接受过程，受众相当于接受主体，思想政治教育的内容相当于接受客体，红色文化教育途径相当于接受中介，红色文化环境相当于接受环境。在传统思想政治教育的接受过程中，受众作为接受主体一般处于被动的接受地位。他们无须做什么，只需在接受过程的终端等待信息的输入。这样的信息输入过程机械且无效率，毫无意义。若想改变这种被动的局面，将接受主体由被动接受变为主动参与，增强红色文化对思想政治教育的效果，我们首先就要实现思想政治教育中接受主体和客体的交互性转换。传统意义上，参观红色革命遗址、纪念馆、博物馆，聆听红色故事的都属于获取外来信息的接受者，处于被动接受的一方，只能毫无目的、单向性地获取信息，毫无主观能动性可言，并且接收信息的数量和质量也难以掌控。而这种交互性转化就是要调动接受主体的积极性，让他们不再只是漫无目的地等待信息的输入，而是积极主动参与进来。例如，在红色文化活动中，主动做志愿者参加节日纪念性活动；加入研学团队，一起探索红色知识；讲述红色故事，追寻红色历史踪迹等。由此，我们要成为红色精神的传播者、践行者，从思想和行动上一起做出改变，变被动为主动，掌握话语权，塑造认知过程。

此外，想要红色文化精神在思想政治教育工作中的活力最大化，还需要利用现代融媒体技术突破原有的空间限制，实现信息交互耦合程度最大化，即跨越交流“体验鸿沟”，加宽接受“中介”。无论何种信息的传播过程，桥梁越宽广，途径越丰富，传播效率就越高。显而易见，传统的思想政治教育途径多是上课学习、开会培训等，老套又乏味，效果甚微。想要改变这种现状，就要拓宽渠道。我们只有增加多样化的途径，方可将红色文化与精神传输到接受主体；同样，接受主体也能通过多种途径进行反馈，发出自己的声音，反向输送给接受客体。由此，一个完整的双向交互过程便宣告完成。例如，诸多革命类纪念馆中设置的多维演示影片，利用声效、动效、光效、战地塑型等交互相融的多维形式展现战争中的超全景场面。让观众在史诗级、穿越式、震撼人心的“战役实况”氛围中，深入了解相关历史细节，体会战争的酷烈和先辈的英勇，缅怀先烈，感受和平来之不易，感悟中国共产党人砥砺奋进的初心和使命。利用现代融媒体技术，将红色文化精神巧妙地融入思想政治教育，既生动有趣，又具有感染力，达到了润物细无声的效果。除此之外，还有沉浸式体验、互动化游戏、智能化服务设备等，我们可以通过多样且有趣的方式，将红色文化精神在思想政治教育工作中的活力最大化。

1.3 接受困境的突破

习近平总书记在全国教育大会上指出：“现在的青少年长期生活在和平环境之下，没有体验过民族生死存亡的苦难，没有经历过血与火的考验，没有参加过艰难困苦的奋斗，人生阅历很有限。如果不加以正确引导和长期教育，难以树立正确理想信念，甚至可能走偏。”[2] 这里的讲话虽然强调的是青少年，但就整个社会群体来说，现在都缺乏正确方向的引领，缺乏思想政治教育教化。思想政治教育自古以来都有着极高地位，其重要性不言而喻。长久以来，各地域、各层级也在不间断地落实，但实际效果确实不佳。需要注意的是，在这个过程中，极其容易出现接受方面的困境，这是当下思想政治教育工作中最显著的问题。

一是“隐含读者”小众化。“隐含读者”是跟随接受理论从文学理论领域引用而来的，用在这里指的是思想政治教育过程中红色文化、红色精神的潜在接受者，即接受者的小众化。不难发现，现有的一些红色文化场馆在策划展览或者举办活动时，针对的潜在观众是一小部分人，感兴趣的往往也是一小部分人，这就是受众的小众化表现。不管是参观红色文化革命基地，参与相关的志愿者活动，还是聆听相关讲座，都应面向各年龄阶段、各层次人员，而不只是某个领域或者某个年龄段的受众。红色教育应全民化，思想政治教育应普及化。因此，我们在组织举办相关活动时，一定要将潜在接受者的自身文化素质水平、需求预判到位，切不可只盯住某个小范围，过于狭隘。当然，某些特定的活动是有针对性的，比如中小学生的研学活动、烈士家属的参观凭吊活动等。根据这种情况，红色场馆可以突出“针对性”，针对不同年龄和职业多元化地举办一些不同类型的活动，策划一些特色展览。例如考虑到有一部分老年人、残疾儿童因行动不便，无法到场馆参观，可以将一些讲述红色故事的展览、宣扬红色精神的文化节目送进养老院和福利院，扩大受众面，让所有人尽可享受到红色文化的福利，享受到思想教育上的“春风化雨”。

二是“期待视野”的满足受限。一般而言，作为接受客体的教育内容，它的空白与意义的不确定性往往被定型化。具体来说，就是接受者在接收到相关红色文化信息之前，由于期待视野的预判，对即将要接收的信息已经大致有了方向和内容上的定型，因此会将其认为有用的信息融合、吸收，而将其余的很多信息内容忽视、遮蔽，或者直接过滤掉。此时，期待视野的本身并没有得到充分的满足，认知体系接收的信息也是极少一部分。所以，想要改变此种困境，便要打破定向期待，创新期待，寻求突破与对策。最为有效的途径就是连接空缺，填补空白。具体来说则是在期待视野与生活实践的鸿沟之间架起相应的桥梁，将原先被遮蔽、被忽略的信息呈现出来，通过有效的途径，再次进行传输、筛查与接收。教育是一个传递→接收→产出的总体性动态过程，尤其是思想政治教育这种抽象的教育过程，要想确保成效显著，就必须联系实际，付诸实践，将期待视野和生活实际联系起来，以确保这个动态的总体过程不受阻、不中断。在思想政治教育工作中，我们应将红色文化所传递的爱国精神、集体意识、艰苦奋斗传统与平时的学习和工作结合起来，将其“赋值”到具体事物中，即化抽象为具体。举例而言，中小学生通过参观纪念馆，了解了某个战役中战士们视死如归、以大局为重、集体作战的过程，老师则可以在参观后的内容回顾与讲解中引申到班集体的建设过程。在班集体建设中也需要培养孩子们如革命战士一般不计个人得失、以集体为重、团结协作的精神和集体意识。受众可以通过熟悉的场景、领域或者事物，慢慢熟识、运用在红色文化中掌握的精神与思想，让精神的种子在实践的沃土上生根、发芽、开花、结果。

1.4 价值体系的重塑

受众即接受主体，由于自身的社会经验与实践，拥有了一定的价值观和审美能力，形成了一定的审美期待。因此，在后期接受思想政治教育的过程中，原先的审美期待必然会或多或少地影响接受的过程与效果。这也就是姚斯后来所提出并推崇的期待视野，“它却可以通过预告公开的或者隐蔽的信号、熟悉的特点、隐蔽的暗示，预先为读者提示一种特殊的接受。它唤醒以往阅读的记忆，将读者带入一种特定的情感态度，随之开始唤起中间与终结的期待”[3]。将这一理论引申到红色文化资源对思想政治教育产生的影响上，受众在原先价值观的基础上，通过对红色文化的初步了解和预判，就有了思考、感受和期待；后经过红色文化场馆的实地参观、红色革命历史的学习、红色精神的熏陶，达到期待视野的满足，将这些体验与之前存在的价值观念交错融合，经过思考，形成一定的思想，充分表达自我。作为相互力，受众的自我表达、交流也可加速期待视野的满足，调节或者巩固之前的价值观与审美能力，从而达到共同增强巩固思想政治教育的效果。比如，观众在参观红色纪念馆、遗迹的时候，对某个展览，某件文物产生兴趣，唤起原有的记忆，有了新的思考，与其知识体系产生矛盾，满足不了原先审美期待，发出疑问；或经过与讲解员和有关工作人员的交流讨论，或经过了解、查证相关的知识资料，经过多方论证和思考，最终打破原有认知体系，有了新的理解，丰富了原有的审美期待。这就是思想政治教育的结果，是认知体系重新调配的过程，也是接受红色教育的意义。如此循环往复，不断调整受众价值体系，为思想政治教育工作蓄力。

在思想政治工作中，这种双向互动式的输出与接受，从接受主体和接受客体两个方面入手，打破先前固定的单项性模式，以“变化”为线索，以接受主体的认知和反应为基础，随时调整信息输送和认知过程，既彰显了人文关怀，也更契合新时代社会的发展。这种从红色文化资源入手，促使接受主体从被动接受变为主动参与的新模式，使得思想政治教育工作的过程较以往更加“柔软”，更加“无形”，更加贴合人性。

2 焕发红色文化资源的新生命

红色文化资源作为文化资源的一个重要分支，既具有文化资源的共性，亦有着“红色”二字所体现出的独一无二的特征。[4]毋庸置疑，“红色”二字所承载的内涵与精神，是任何文化资源都不能比拟的，具有十分重要的理论意义和实践价值。红色文化精神是我国特有的宝贵文化财富，是中国共产党一路跨过艰难险阻、努力奋斗的见证，可使得广大人民群众坚定马克思主义理想信念，增强实现中华民族伟大复兴的信心与决心，在传递正能量、塑造核心价值观等方面发挥着巨大作用。基于此，博物馆更应利用多种途径，对红色文化资源进行多元化的开发、利用与传播，让其发挥更大的能量、更具时代性、更有影响力。

2014 年 12 月，习近平总书记在南京军史馆内，提出把红色资源利用好、把红色传统发扬好、把红色基因传承好。此后，习近平总书记也曾多次强调红色文化资源的重要性。[5]传承红色基因、讲好红色故事是一代代中华儿女的共同使命。想要完成这个使命，前提就是了解、认识红色文化，即“知”，因为知是一切行动的前提与基础。想要发挥红色文化的作用，就必须对它进行充分了解与认知。

首先，充分认识地方纪念馆、革命遗迹、旧址等对红色文化建设的重要性。无论是红色革命圣地、烈士故居，还是革命类纪念馆等红色文化遗存，都以实地、实物、实景生动再现了当年的革命历史、战斗生活。在参观过程中，这些场馆的实景、实物再配上讲解员的讲解，十分有益于激起参观者心中隐藏的家国情怀、爱国主义精神。如此得天独厚的红色教育资源，就应在多方面采取措施，被科学合理地开发、保护。比如更新陈旧展品，修缮残缺文物，引进先进技术，完善配套基础设施，利用人工智能提高讲解服务质量，等等。此外，虽然提倡举办形式多样的活动，但一定要严守红色文化主题，围绕主旋律，传播正能量，避免为了追求经济效益，将红色资源娱乐化、戏谑化、庸俗化。这些举动皆是从根源上做好红色文化保护的有效措施。

其次，改变红色文化单一陈旧的表现形式，对其内涵进行系统阐释和广泛宣传。目前，现有的红色文化表现形式多为文物的单一展览，这种固有形式已沿袭多年，毫无创新。这虽然是文物展览的基础形式，却不是唯一。随着现代社会的进步，网络、数字科技的发展，还有多种形式可被利用，如线下红色文化进社区、进课堂，线上 APP 红色有声故事的制作和聆听，重要节日活动的网络直播，利用 AR、VR 等技术新建的多媒体电影，学生游学、夏令营等活动的组织，红色文创产品的开发与推广，等等。这些活动不但表现形式更为活泼、多元化，而且从多个方面丰富了红色文化精神的内涵，增强了公众的参与性与实践性。

最后，增强红色文化资源的整体性建设，迎接教育功能新挑战。红色文化资源的开发、利用与传播，不只是某个人、某个部门的事情，更是需要多个部门勠力同心，上下一体，协同作战。结合当前社会实际，我们应牢牢把握主线，实现多位一体的战略部署。从上级主管部门的政策、资金、人才、技术支持，到地方纪念馆、革命旧址等地自身资源的科学挖掘、开发与宣传，再到社区、学校、企事业单位等机构的接收与教育，环环相扣，缺一不可，都是必备环节。

2020 年在北京召开的全国文物局长会议，强调了文物系统要全面加强新时代文物保护利用传承发展，持续增强文物事业发展动力和活力，开启了文物事业新征程，为文物工作的改革发展进行了布局、谋划了蓝图。这无疑凸显了文物、文博事业的重要性，也坚定了红色文化发展的信心。党的十九届五中全会把文化建设摆在突出位置，强调了文化赋能的独特作用。红色文化资源，作为中国特色社会主义先进文化中不可或缺的一部分，凝聚着革命先辈们的崇高理想、爱国精神和宝贵品质，应根据时代、社会的变化，随时融入新的内涵，散发光热，为加强党的建设服务，增强人民群众积极向上的信心。虽然当前红色文化资源开发利用中存在许多的欠缺，但其实现公共教育职能和坚定文化自信的作用和巨大的影响力却是独一无二、无法比拟的。

3 思想政治教育与红色文化资源的创新融合

不难发现，各地区、各级单位的思想政治教育活动一直未曾间断过，却收效甚微。如何增强思想政治教育的时效性，增强人民群众接受的教育效果，值得思考与探索。文化根基是思想政治教育焕发生机和活力的重要源泉。[6]红色文化资源，不同于其他间接资源，保留着其独特的直接性和原真性。其凭借着实地、实物、实景等红色文物、红色文化遗存，凭借其直观性和现场感拉近了和广大参观者的距离，增强了亲切感，对他们的思想产生冲击，引起一定的共鸣，这是其他任何教育途径所不具备的优势。尤其是在多元化思想交错互融的今天，人心易浮，广大民众饱受各种思想的冲击，其价值取向、思想、行为都极易受到影响，更需要定期性、及时性地接受思想政治教育，洗涤心灵，摆正心态，从而强化自身的爱国主义思想和民族精神，提升自身综合素质，迎合新时代诉求。

3.1 线上线下，循环往复

迈入新媒体时代的今天，不断增强思想政治教育的实效性，最便捷、高效的路径就是“线下－线上”方式的结合与循环。相应地，这种线上线下相结合的思想政治教育过程也应具备体系性与立体性的双重特点。就线上来说，我们应大力推崇现在所流行的“网络思政”。网络凭借着高覆盖率确实为当前的思政教育提供了前所未有的便捷，无论是各级政府部门、企事业单位还是大中小学校，皆可利用现有的资源与技术，组织受教育者在网上观看红色影片、聆听革命先辈的故事、参与红色话题的讨论互动、参与红色知识竞赛等。受众通过形式各异的活动，获得不同情态的感官体验，熟识多领域的知识，掌握多样的技能，实现主观能动性的提升，在一定程度上受到思想的洗礼与感化。思想上的熏陶在日积月累与潜移默化中最见成效。多样化线上活动于无形之中增加了受众对中国共产党无数革命先辈的崇敬之情，提升了爱国情感和责任意识，推进了思想政治教育工作的进行。

“上线”要上得去，“下线”也要下得来。思想熏陶与教育离不开相应的环境，因此，在线下，营造一定的教育接受环境是极其必要的。这就要求团体、机构、单位经常组织、鼓励接受者“走出去”，亲自到红色文化纪念馆、博物馆、遗址遗迹等实地参观、学习、聆听、感悟。因为只有进入真实情境，感受到一定的文化氛围，通过接触、体验看得见、摸得着的实物，方可引起情感的共振，产生思想冲击和共鸣，进而学习、体悟、思索，达到思想教育的效果。还有就是针对不同年龄段设置的志愿者、游学等一系列社教活动，接受者作为接受主体要积极参与互动，通过切身实践有所收获，在与自身期待视野融合后，形成自己的观点，表达看法，产生思考，做出反馈。经过线上、线下多重循环往复，弥补彼此的欠缺，实现认知和实践的双重统一，从而最终根据实际，对自身的学习、工作做出调整，产生“效益”，激发更加强劲的前进动力。

3.2 畅通双向桥梁，建立稳定联系

若想思想政治教育与红色文化资源的融合应用达到最优效果，须从以下三个方面切入，畅通双向桥梁，互通互动，建立稳定联系。

一是理论与实践相联系。思想政治教育工作和红色文化精神在各自的理论研究领域已经相当成熟。但在新的历史条件下，在接受视域下将这二者进

行融合应用，就需探究红色文化精神融入思想政治教育的新途径，发挥红色文化精神在新时代的超时空功能，突破当前思想政治教育的局限性，提高其亲和力、接受度和实效性，做好理论和实践的衔接与配合。红色文化是中国共产党领导中国人民在新民主主义革命、社会主义革命、社会主义建设和改革开放建设过程中形成的革命精神和优良传统。在中国各区域内，红色文化的内涵及表现形式相差不大，若想让红色文化精神真正落地生根，开花结果，就要结合本地区的特色和实际，建构独具特色的区域性文化品牌，打造地域特色；根据理论构架，全方位、点面结合地采用多种方式、途径去宣传、去建设、去实施教育。

二是历史与现实相统一。中国共产党进入第二个百年奋斗目标进程之后，迎来新的开端、新的变化，多元文化的融合与对抗会更加激烈，文化认同上存在的分歧、差异等问题也会逐渐显现，此时便更需要思想政治教育的加强和普及。如何使得红色文化精神在加强思想政治教育过程中更加贴近实际、贴近生活？那便是做好历史与现实的统一。红色文化精神自新民主主义时期开始形成，后经社会主义建设期，一直发展到现在。它见证了历史的发展，又随着时代的发展不断增添新的内容，但其中所蕴含的民族精神却从未改变，并且具有与时俱进、继承发展的价值传承和精神延续。红色文化精神应随着现实的发展和广大民众不断变化的精神文化需求重新被赋予新的生机和活力，与社会的发展保持一致，与现实的要求保持协调。这才是广大人民群众所喜闻乐见的、所认同接受的。

三是传统与创新相契合。红色文化既是中国特色先进文化的组成部分，又是中华民族传统文化的浓缩和精华。一方面，红色文化是中国共产党人带领中国劳动人民在过去艰苦岁月里奋斗前进的历史见证，是历史性的产物；另一方面，红色文化是新时代条件下中国共产党人的创新发展，根植于当前的时代精神。利用红色文化精神去优化思想政治教育，既要继承传统红色文化，又要结合当前时代发展特色与广大民众精神文化需要，宣扬新时代红色文化精神。虽然红色文化精神中所包含的爱国精神、集体意识、甘于奉献、顽强拼搏、艰苦奋斗等传统优秀品质，早已存在且传承多年，但若想要在新时代传承发扬，就要根据当前公众的审美文化需求，创新发展新的承载方式。比如，重新打造红色经典作品，塑造具有亲和力的“红色人物”形象，等等，利用系列网上直播或志愿者参与的戏剧故事演绎等新的模式，拉近与群众的距离，拓宽接收渠道，吸引关注点，做到传统思想和创新表现形式相结合。

4 结语

文化自信是更基础、更广泛、更深厚的自信，是一个国家、一个民族发展中更基本、更深沉、更持久的力量。[7] 增强一个民族文化自信最便捷的途径是通过红色文化精神的熏陶，增强一个国家文化自信最牢固的方法是进行思想政治教育，二者的有机结合更是行之有效。红色文化精神是中国特色社会主义先进文化的重要组成部分，是思想政治教育“战役”中的排头兵，更是资政育人的精神富矿。新时代对思想政治教育提出了新诉求，我们需要做的便是转变旧思想，使传统红色文化资源焕发新机，利用当前红色文化资源的便利性和新媒体技术的高效性，实施新举措。在此过程中，基于接受理论基础，我们重视、调动接受者的一切潜在可能性，将整个教育过程扩充、延长，使各个环节紧密相连，互相作用，成为一体；各环境要素协调助力，从而最大限度地发挥红色文化资政育人的重要作用。红色文化资源的确是思想政治教育的助推剂，与此同时，思想政治教育与红色文化资源的融合应用，也打破了红色文化一直以来的弊端——重“展”不重“教”，真正实现“为社会和社会发展服务”的目的，实现双赢局面。

陈晓冉，平津战役纪念馆

参考文献

[1] 管仕廷，宋志鹏. 论培育社会主义核心价值观目标下的红色文化创新［J］. 决策与信息，2006，445（9）：69-77.

[2] 习近平. 习近平著作选读：第二卷［M］. 北京：人民出版社，2023：196-197.

[3] H R 姚斯，R C 霍拉勃. 接受美学与接受理论［M］. 周宁，金元浦，译. 沈阳：辽宁文学出版社，1987.

[4] 渠长根，闻洁璐. 红色文化资源研究综述［J］. 浙江理工大学学报（社会科学版），2019，42（2）：179-187.

[5] 周金堂. 把红色资源红色传统红色基因利用好发扬好传承好［J］. 党建研究，2017（5）：46-48.

[6] 黄蓉生，丁玉峰. 习近平红色文化论述的思想政治教育价值探析［J］. 思想教育研究，2018（9）：3-8.

[7] 中共中央宣传部. 习近平新时代中国特色社会主义思想学习纲要［M］. 北京：人民出版社，2019.

区域红色资源开发课程体系

于思颖

红色资源的利用对于学生德育的发展具有重要意义，博物馆发挥资源优势，提升学生素质教育是当下博物馆科普社教工作的重点任务。通过让学生多维度参与活动将红色文化进行整合，形成教学体系，正是本次课程研究的主要目标，打造区域红色资源课程体系将更好地服务于学生群体。

1 红色育人教育研究

为认真贯彻落实中央和北京市关于进一步培育和弘扬民族精神及《东城区青少年“文化·传承2030”工程实施意见》文件要求，落实立德树人根本任务，进一步加强新形势下区域中华优秀传统文化教育，相关单位以共识、共建、共享为核心理念，着力探索区域、学校、社会资源单位、专家团队的育人新模式，力求通过多方联动形成教育合力，为师生学习、感悟、传承中华优秀传统文化提供支持和服务。在几千年的历史发展过程中，中华民族创造了灿烂的中华文明，为人类发展做出了卓越贡献，成为世界上伟大的民族。近代以后，由于西方列强的入侵和统治者的腐败，中国逐渐沦为半殖民地半封建社会。面对民族独立、人民解放的历史任务，马克思列宁主义给苦苦探寻救亡图存出路的中国人民指明了前进方向。社会主义500多年，经过从空想到科学、从理论到实践、从一国实践到多国发展、从遭遇曲折到奋起振兴的波澜壮阔的伟大历程。我们的学生应该学习和了解，将这段历史铭记于心。学生树立文化自信是非常重要的，一个民族要实现复兴，既需要强大的物质力量，也需要强大的精神力量。没有高度的文化自信，没有文化的繁荣兴盛，就没有中华民族伟大复兴。我们只有通过课程学习让学生感悟中国精神、中国价值、中国力量，才能坚定不移走中国特色社会主义道路。

1.1 红色教育资源的基本内涵与主要特征

红色教育将红色作为时代精神内涵的象征，务实的落脚点在于教育。红色教育有助于改善德育效果。红色文化是中国人民在革命实践中创造和积累的文化精髓，凝聚着民族智慧和力量，蕴含着丰富的革命精神和文化精神。红色教育有助于改善德育效果。红色文化是中国人民在革命实践中创造和积累的文化精髓，凝聚着民族智慧和力量，蕴含着丰富的革命精神。就当前小学德育目标来看，基于本土红色文化，挖掘德育资源，可以使红色文化优势有效地转化为德育教育资源。[1]红色资源以实物的形式见证了革命时期中国共产党以生命和鲜血创造的奇迹，展现了新中国建设时期中国人民的智慧和担当。红色非物质资源体现了自新民主主义革命以来中华民族精神的传承，如革命战争时期为实现国家独立、民族解放的大无畏的献身精神，新中国成立之后艰苦奋斗、勇于开拓、顾全大局、无私奉献的北大荒精神以及热爱祖国、无私奉献、自力更生、艰苦奋斗、大力协同、勇于攀登的“两弹一星”精神等，这些精神代表着中华优秀传统文化的发展方向，具有丰富的历史教育价值。[2]

《赓续精神血脉，培育时代新人》对于红色课程的设立有很多建设性的意见。一是坚持“五育”并举，以德智体美劳全面发展的时代青年为目标，将党史学习教育融入思政教材。二是坚固资源阵地，研发革命精神校本课程。此次课程设置结合学校德育课程学习标准及东城区的红色教育资源形成校本课程。

三是坚守文化传承，打造红色教育地域课程。这将使校外教育系统更加标准化、规范化，形成适合学习推广的红色教育校外教学体系。[3]综上所述，本研究依托东城区红色地图，对德育教育定义为：小学生主题实践活动要形成集政治教育、文化传播、创新等价值于一身的综合性跨学科教育体系，运用探究式教育方法，通过提高学生的“知、情、意、行”，使学生形成稳定的、长期的、自主的、良好的品德素养。

1.2 红色教育中实践育人的特征与方法

红色教育要符合学生的身心发展规律，针对不同年龄阶段的学生制定不同的教学方案和侧重点。开展红色教育既要遵循认识论，也要有具体的方法。中小学校红色教育实践育人可以采用故事法、代入法、陪伴法、滴灌法、问题法等，增强红色教育的时效性。在跨学科红色教育理论研究方面，将红色教育和社会主义核心价值观的具体要求融入教学之中，可以使道德与法治学科与语文单元形成跨学科联动，以诵读红色经典培根铸魂，引导孩子们从小树立爱国之志，培育社会主义核心价值观。我们通过“爱国 + 知识”的模式开展了“学科知识 + 学科素养 + 学科技能”一体化德育工作的探索，而红色教育在其中具有重要意义。

第一，有助于和谐校园的构建。强化红色教育能有效增进学生之间的相互了解，促进集体主义精神的培养，通过学生群体力量实现和谐校园的构建。

第二，有助于理想教育的开展。红色教育当中处于关键位置的就是理想信念教育，对学生展开有益于国家与社会的理想信念教育，鼓励学生在对个人理想进行追求的同时，坚定不移地为社会和祖国的发展而奋斗与努力。

第三，有助于爱国主义教育的开展。通过讲述革命先辈的英雄事迹开展学生教育，科学引导学生正确认识历史并主动担负起历史所赋予的责任。红色教育理念融入德育是十分必要的，不仅有利于学生的思想品德发展，更是素质教育的需要，各方应该结合区域性的研究优势完成校本课程的开发与利用。

在探讨红色教育内容与德育课程相结合的过程中，我们要注重学校、东城区、博物馆、名人故居等资源的区域性，结合学生能力和学科特点，整合教学标准要求，制定出具有趣味性的红色教育体系。

2 区域红色资源开发课程体系

通过东城区红色地图打造校外课程体系。回顾党的百年光辉历程，寻红色足迹，讲红色故事，传承红色精神。此次课程研究依托东城区红色地图，增强了学生的文化自信。中国特色社会主义文化积淀着中华民族最深沉的精神追求，代表着中华民族独特的精神标识，是激励全党全国各族人民奋勇前进的强大精神力量。我们要坚定文化自信，力图打造红色文化校外德育课程体系。

2.1 红色资源课程体系的建立

此次课程体系的开发为学生设置了党史、新中国史、改革开放史和社会主义发展史等学习内容，同时将铁路、科学等红色文化融入其中。我们在课程切入过程中力求以学生为主体搭建平台。我国是中国共产党领导的社会主义国家，党的教育方针始终坚持德育为先，这就从根本上决定了我们的教育必须坚持立德树人，培养一代又一代德智体美劳全面发展的社会主义建设者和接班人。学生将通过课程学习、实践活动、互动交流等环节，真正寻红色足迹，悟红色文化，做红色宣讲者。

2.2 红色资源课程实施步骤

我们利用东城区红色文化资源开发实践育人活动课程，通过对每个课程的教学内容与教学目标的撰写，进一步衡量学生在校外活动中的收获，让校外活动体系标准化。课程设置遵循以“学生为主导”的原则，课程在开发中不仅向学生弘扬红色文化，还让他们充当演讲老师，加入文献研究方法和探究式学习思路。学生在活动中不仅能听、能看，还能行动起来。红色教育不仅仅是一次参观学习，更要体现到行动中，体现在身边，要切实提升学生的服务意识和奉献精神。以下是东城区红色资源课程简要内容。

活动步骤 1：成立红色宣讲团，以学生的兴趣为出发点来完成小学生社团的设立。

活动步骤 2：利用“双减”政策下学生的在校时间了解红色文化，拓展学生的知识面，通过开展红色经典诵读、我为大家讲红色故事、红色影片欣赏等学生喜闻乐见的活动进行教学的带入。

活动步骤 3：利用暑期时间让学生走进名人故居、博物馆等学习红色历史文化，并进行课程相关的内容打卡。开学后，学生须根据自己所积累的学习知识撰写个人红色科普小讲座，并设立小小红色宣讲员为其他同学讲述红色故事。

活动步骤 4：鼓励学生增强服务意识和奉献精神，鼓励学生从身边的小事做起，结合自己实际的学习生活，体现红色资源校本课程学习带来的变化。

以创新教育的方式，调动学习兴趣。若想切实增强红色教育效果，则须对红色教育方法进行创新，避免“上课—讨论—总结”的落后套路。应积极开展实地红色教育，组织学生亲自到红色教育基地参观，帮助学生更好地观察与体味，使青少年真正感受红色精神的真谛。[4] 通过课程步骤不难看出，此次课程以学生兴趣为出发点，依托东城区自身的区域文化特色，结合红色地图及德育课程体系要求，力求让学生做到综合能力的提升。

3　区域红色资源开发课程体系研究方法

为认真贯彻落实中央和北京市关于进一步培育和弘扬民族精神，充分发挥区域红色资源优势，增强学科设置的针对性，加强红色历史文化教育，积极开展丰富多彩的教育活动，加大对中小学生思想道德建设的总体目标，东城区相关部门通过开展区域红色资源研究活动使学生学习红色历史文化，加深了学生对于红色地图的了解，提升了其语言表达能力、自信力，引领学生树立正确的世界观与价值观，弘扬了爱国主义精神。这一过程具体有以下几种研究方法。第一，调查法。组织学生走进北京市东城区红色地图所涉及的文化基地，感悟红色历史，学习红色知识。通过发放调查问卷和学习单的形式来了解学生对于课程及红色地图所涉及内容的认知程度。第二，观察实践法。组织学生走进红色地图中所涉及的博物馆、纪念馆、名人故居去了解红色文化，感受爱国主义情怀及红色精神。第三，文献研究法。老师需通过对于相关背景内容资料的研究来完成对学生的指导，帮助学生进行理解，同时形成学生所用的教学材料包及背景资料，让学生通过诵读红色经典等进行课程研讨交流，促进课程理论体系的建立。第四，实践研究法。学生通过自己对于课程和走访红色地图的理解，进行总结和宣讲实践，最终呈现出在教育实践中的认知。

3.1 区域红色资源开发课程体系实施

科学知识目标：指导学生了解红色地图中的历史背景和基本概况；诵读红色经典，学习红色故事。

科学探究目标：在老师的引导下，学生能够利用展厅文物及展品进行观察、体验、参与运用分析、比较、分类、概括等思维方法进行信息处理，得出结论，从而系统了解铁路相关传统知识和革命精神。

科学态度目标：通过老师的讲授以及交流学习可以激发学生的服务的兴趣，培养其实事求是、追求创新、合作分享的科学态度。

社会环境目标：了解校外教育对于学生学习文献研究的学习方法的重要作用；了解红色教育对学生树立正确的科学探究方法态度的意义；了解理想信念是推动学生学习成绩的根本动力，增强学生的服务意识。

3.2 区域红色资源开发课程实施意义

在互联网冲击的时代背景之下，学生只有树立正确的人生观、世界观和价值观才能不走弯路。我们要解放思想，让学生获得更加愉快的童年的同时，明确自己的人生目标，通过校外教育更好地做到全面发展，实现自我发展和社会发展的有机统一。此次研究立足于本校德育课程标准，在学生通过课程学了解红色文化以后，结合问卷调查的形式，对其学习方法、学习态度的改善以及后期家长反馈等内容形成数据统计，以完善此次关于东城区红色资源校本课程的开发和利用。我们希望通过此次课程的开发，让学生掌握探究式学习方法，拥有文献诵读的热情，树立良好的学习态度，纠正不良学习习惯，在个人的品德方面得到更大的提升和发展。

4 结语

学生通过区域红色资源开发课程的学习，明确了学习方向和目标，博物馆教育职能在这一过程中实现最大化。一个民族要实现复兴，既需要强大的物质力量，也需要强大的精神力量。课程育人的功能具有综合性，红色基因、红色传统、红色资源是中国共产党人创造的宝贵的文化财富。对广大青少年学生的红色教育质量的高低关系着能否真正传承好、弘扬好红色文化；强化大中小学生的红色教育，就是要使红色基因代代相传，使红色传统发扬光大。[5] 作为博物馆人，我们应该利用区域红色资源开发课程体系，力图做到为学生搭建沟通社会的桥梁，从而让学生将所学精神、方法更好地应用到学习生活中。

于思颖，中国铁道博物馆

参考文献

[1] 邵春荣，胡慧丽. 新时代小学生红色教育模式的构建［J］. 教育文汇，2021（7）：11-13.
[2] 朝露，万伟. 设计思维下红色主题实践活动的开发［J］. 江苏教育，2021（Z7）：55-57.
[3] 张小亚，李健芳，葛轩. 赓续精神血脉，培育时代新人：区域推进红色教育的常州行动［J］. 江苏教育，2021（Z7）：58-61.
[4] 宋生娟. 关于红色文化资源融入小学德育教育的策略研究［J］. 当代家庭教育，2021（17）：13-14.
[5] 孙丽丽. 红色教育与学校课程有机整合的创新实践［J］. 中国德育，2021（12）：63-66.

生态翻译学视域下的红色文化博物馆讲解词英译研究

以大同红色记忆馆为例

王雅玲

红色文化是中国共产党领导人民革命的基因，是中华民族伟大复兴事业的精神动力，也是中华优秀传统文化的宝贵财富。近年来，随着中华文化“走出去”工程的实施，越来越多的外国游客希望通过红色旅游来了解中国的红色历史和文化。红色文化博物馆是外国受众了解红色文化的重要窗口，为传承红色基因，弘扬红色革命精神，宣传社会主义核心价值体系提供了重要渠道，因此红色文化博物馆讲解词的翻译就显得十分重要。本文以大同红色记忆馆讲解词英译文本为例，分析红色文化博物馆讲解词英译文本的内容和语言特征，并以生态翻译学为理论框架研究红色文化博物馆讲解词翻译，从“三维”转换角度探讨译者在翻译中如何进行适应性选择以帮助外国游客更好地理解中国历史文化，实现跨文化交际，促进大同地方红色文化的宣传和红色旅游业的发展。

1 概述

红色文化是在革命战争年代，由中国共产党人、先进分子和人民群众共同创造并极具中国特色的先进文化。红色文化记载着中国共产党为人民利益而奋斗的历史，蕴含着丰富的革命精神和厚重的历史文化内涵。大同的红色革命史是旧中国在中国共产党领导新民主主义革命创业史的缩影。在抗日战争和解放战争过程中，大同人民坚强不屈，英勇无畏，打败日本侵略者，推翻国民党反动统治，为新中国的建设事业做出了不朽的贡献，形成了独具地域特色的红色文化。

随着中国国际影响力的提升和中华文化“走出去”工程的实施，向世界讲好中国红色故事，传播好中国红色文化显得尤为重要。博物馆的讲解词翻译就是对外宣传红色文化的重要途径，十分重要。本文根据生态翻译学理论内涵，以大同红色记忆馆讲解词英译文本为语料，试图从语言维度、文化维度和交际维度提出红色文化博物馆讲解词英译策略，助力中国红色文化的对外传播，提升中国文化软实力，为大同红色革命文化“走出去”服务。

2 大同红色记忆馆讲解词内容分析和语言特征

为了传承和弘扬中华优秀传统文化，也为响应大同市委、市政府打造“博物馆之城”的号召，大同市博物馆分馆“大同红色记忆馆”于 2019 年 12 月 21 日正式开馆。这是大同第一座具有弘扬现代大同红色文化和社会教育功能的专题博物馆，也成为大同市委组织部“党员干部党性教育现场教学点”。馆内设“红色记忆——大同现代革命历史文物展”，通过“曙光初照”“共赴国难”“革命到底”“缅怀先烈”四个单元，翔实叙述了从 1921 年到 1949 年，大同地区党、团组织的发展历程和中国共产党领导大同地区学、工、群运动的历史，再现了统一战线下党领导大同军民开展敌后抗战、抵抗日寇侵略、赢得民族独立、推翻国民党旧政府、建立新中国的伟大壮举，歌颂了为民族解放和人民独立而牺牲的英雄。

大同红色记忆馆讲解词英译文本所描述的革命历史事件和人物事迹具有深厚的红色文化底蕴，政治色彩浓厚，包含着大量的人文与历史信息。作为一种特殊的红色旅游文本，英译讲解词具有以下特点：第一，语料具有事实性，内容客观、准确，叙事逻辑性较强，一般没有华丽辞藻的出现；第二，信息量大，有较多专有名词和红色词汇；第三，政治历史色彩浓厚，饱含政治和历史文化信息。[1]

3 生态翻译学理论

生态翻译学理论是由清华大学胡庚申教授于2001年提出的全新翻译理论，他将达尔文生物进化论中的“适应选择论”引入翻译研究，从“生态学”视角对翻译进行综观的整体性研究。生态翻译学理论认为翻译的本质是“译者适应环境的选择活动”，翻译的过程是译者适应选择交替进行的过程，翻译的原则实际上就是译者的选择性适应和适应性选择。[2]译者的选择性适应也称为“多维度适应”，即译者对自身所需、自身能力和翻译生态环境的适应。其中最重要的是对翻译生态环境的适应。翻译生态环境指的是原文、源语和译语所呈现的世界，即语言、交际、文化、社会以及作者、读者、委托者等互联互动的整体，这个动态且复杂的环境是制约译者的主要因素。[3]这就要求翻译人员必须在多维度适应翻译生态环境的基础上，做出与翻译生态环境相适应的不同选择。[4]在适应性选择的过程中，译者则需要在适应翻译生态环境的前提下，选择合适的目的语文本，包括恰当的词、短语、句子和结构。[5]

4 生态翻译学视域下大同红色记忆馆讲解词英译策略

红色文化博物馆讲解词除了基本的信息功能，还有其特殊的文化内涵和政治属性，英译时应关注目标读者在文化和意识形态上的差异，选择合适的翻译策略。生态翻译学的具体翻译策略侧重于三维转换，即“在多维度适应和适应性选择的原则下，译者应相对集中于语言维、文化维、交际维的转换”[6]。以下将从这三个维度针对大同红色记忆馆讲解词英译文本进行分析并提出具体的翻译策略。

4.1 语言维度的转换

语言维度指的是在翻译过程中语言形式的适应性选择转换，这种转换包括语体风格、遣词造句、句式结构、行文风格等。[7] 翻译时译者应考虑翻译生态环境中汉英语言的差异性。

大同红色记忆馆讲解词包含丰富的历史文化知识，具有大同地方特色和革命精神。在翻译过程中，译者应在忠实原文的前提下，尽量按照英文的句式结构和行文风格进行恰当的翻译，避免机械对等，尤其是蕴含丰富革命文化信息的红色革命文物、历史事件、名人逸事等不宜直译，为把原文含义准确无误地传达给国外游客，应介绍一些历史、人文、风俗等方面的背景文化知识，而且表达应通俗易懂。[8]

例 1：抗战胜利后，中国共产党从人民利益出发，争取民主团结与和平建国，国民党政府则坚持“假共和真内战”的政策，加紧积极备战。

After the victory of the War of Resistance Against Japanese Aggression (1931—1945), the CPC strove for democratic unity and peaceful nation-building for the interest of the people, while the Kuomintang government adhered to the policy of “false peace and true Chinese civil war” and stepped up active preparations for war.

抗日战争胜利后，蒋介石疯狂抢夺抗战的胜利果实，积极准备发动内战，消灭共产党及其所领导的解放区和人民军队。但蒋介石对立刻发动全面内战还有所顾忌，内战准备工作尚未完成。因此，他一面调兵遣将，一面发动和平攻势，连续三次电邀毛泽东到重庆谈判。笔者在翻译“假共和真内战”时，并没有按照字面意思去直译，而是根据历史事件发生的背景意译为“false peace and true Chinese civil war"，用最平实的语言准确地传达出真实信息，外国游客才能对中国的红色文化有一个全面而客观的理解。

例 2：战争爆发后，党在大同地区继续开展土改运动，进行经济建设，配合前线部队的作战。

After outbreak of the War of Liberation (1946—1949), the CPC continued the Land Reform Movement (a profound social revolution aimed at eradicating the feudal system of exploitation led by the CPC) and economic construction in Datong and co-operated with the front-line forces in their fight.

这句话中的"战争爆发后"，笔者并没有采取字对字直译的翻译策略，而是根据上下文推断为"解放战争爆发后"，还补充说明解放战争发生的具体时间，让不了解中国革命史的外国受众有一个比较清晰的时间概念。此外，笔者还阐释了中国土改运动的具体内涵，将其译为：the Land Reform Movement (a profound social revolution aimed at eradicating the feudal system of exploitation led by the CPC)，使其含义更加清晰。

4.2 文化维度的转换

文化维度是指译者在英译过程中，既要注重符合英语文化的沟通意识，又要注重汉语中文化"原汁原味"地传递，尽量扫除由于文化差异形成的文化障碍和文化误解。[9] 文化维度的转换要求译者对源语言和目的语所在的不同的文化环境给予一定的重视，增强跨文化意识，关注译语读者的文化背景，在翻译过程中既要明确完整地传递源语文化信息，又要适当补充相关背景知识，设法弥补译语读者的文化空缺，并尽可能顺应译语的文化风俗习惯，确保译文的可读性。

例 3：大同的红色革命史是旧中国在中国共产党领导下进行新民主主义革命创业史的缩影。

Datong's red revolutionary history is the epitome of the development history of the New Democratic Revolution (1919—1949, an anti-imperialist, anti-feudal, anti-bureaucrat capitalist democratic revolution led by the proletariat having the rudiments of communist ideology) under the leadership of the Communist Party of China.

“新民主主义革命”是无产阶级领导的，以反对帝国主义、封建主义、官僚资本主义为主的资产阶级性质的人民民主革命。这一词汇有着特定的历史文化内涵，译者在翻译时需采用增译法，译出其性质和革命发生的具体年份，完整准确地传递源语信息，方便外国读者的理解，从而达到文本的目的。因此，笔者将其增译，使其更好地传达原文含义。

例 4：1949 年胜利前夕，党从人民利益出发，努力争取国民党大同守城部队和平改编，最终迎来雁北地区和平解放的曙光。

On the eve of the victory in 1949, the CPC, for the interest of the people, strove hard for the peaceful reorganization of the KMT's military forces in Datong, and eventually led to the dawn of peaceful liberation of Yanbei area (now the northern area of Yanmenguan, Shanxi Province) .

“雁北地区”在我国行政区划中现已不复存在，原所辖十三县，七县属大同，六县归朔州，大部属于古雁门郡和代郡辖地（今山西省雁门关以北的地区）。而外国游客并不了解大同的历史文化，所以笔者采用先音译再加注释法，将其译为“Yanbei area (now the northern area of Yanmenguan, Shanxi Province)”，传递出其中的地理文化信息，让目的语读者不仅了解“雁北”的发音，而且有了位置概念，这样取得的效果明显要比只用拼音或勉强找个英语对应词好得多。

4.3 交际维度的转换

交际维度是指译者在翻译过程中注重对双语交际意图的适应性选择转换。[9] 这就要求译者除了完成语言信息的传递和文化内涵的阐释外，还要把翻译选择转换的侧重点放在交际的层面上，从交际对象的角度出发，以交际维度为导向，力求更准确地译出既符合红色革命文物内涵，又符合英文表达习惯的译文，使国外游客获得与中国游客相似或相近的参观体验，从而实现译文的交际目的。

我国的红色革命历史中，曾留下了大量的革命诗词。这些诗词是我们了解我国红色革命历史以及革命者生平的重要资料，具有重要的历史价值和文化价值。大同红色记忆馆讲解词中也出现了诗词，这些诗词往往是为了加强文本的表现力，并不具有实际含义。中英两种语言存在着巨大的差异，加之诗词这一语言形式自身的特性，在翻译时往往存在很多不可译的现象。因此，译者不必去追求文本的完全对等，而应采取灵活的翻译方法，将源语进行语内转换，解读其中包含的深层历史文化信息，运用解释性译法对其内涵进行阐释，完成源语在文化维和交际维上的转换，给予国外游客地道的阅读体验。

例 5："为有牺牲多壮志，敢教日月换新天。"新民主主义革命期间，大同地区涌现出了无数的革命英雄。

"Its dauntless elfurts to create a new China." During the New Democratic Revolution, countless revolutionary heroes sprang up within Datong area.

"为有牺牲多壮志，敢教日月换新天。"这句诗出自毛泽东的《七律・到韶山》，意思是：正是因为有太多的为了伟大理想而牺牲的英雄，才令天地翻覆换一副新颜。根据上下文语境，笔者将其译为："Its dauntless elfurts to create a new China." 将其中蕴含的革命历史文化信息准确完整地传达给国外游客，进而增强文本的感染力，使红色革命精神深入人心。

根据纽马克的文本类型说，红色旅游文本属于表达型文本，注重文本的渲染功能，辞藻华丽，运用多种修辞，常常使用夸张、重复的语句来表达作者思想。而英语注重文本的简洁流畅，重点突出。大多数情况下，外国读者迫切希望抓住文本的关键信息，对于许多次要的信息他们不需要也没有兴趣去弄明白，语言上的重复容易造成顾此失彼的后果。[10] 所以，在这种情况下，译者可以采取减译法，省去重复信息，使译文文本内容简洁，逻辑清楚。

例 6：他们身怀家国，在党的领导下奋勇投身革命。他们克服了难以想象的艰难困苦，忍受了不可回首的血泪之痛。

Under the leadership of the CPC, they courageously devoted themselves to the revolution. They overcame incredible difficulties and endured inconceivable pain and suffering.

源语中的“他们身怀家国”“血泪”在目的语中属于冗余信息，在此使文本在表意上重复，笔者在翻译时直接将其删除，使句子明快晓畅，突出文本重点，增强译语受众的体验感和获得感，实现译文的最高交际意图。

5 结语

红色文化博物馆讲解词翻译要求译者发挥主观能动性，在翻译的适应选择过程中既要充分考虑中西方语言表达的差异性，又要尊重双方文化历史的特点，同时要明确译文读者的阅读期待和译本的交际意图，以采取有效的翻译策略，力求语言、文化、交际三维整合适应度最高的译文，以此推动大同红色文化的对外传播，促进大同红色旅游的振兴发展。

王雅玲，大同市博物馆

参考文献

［1］汤艳，边立红. 红色旅游文本翻译现状研究：以益阳南县厂窖惨案纪念馆旅游文本为例［J］. 太原城市职业技术学院学报，2015（2）：193-194.

［2］胡庚申. 翻译适应选择论［M］. 武汉：湖北教育出版社，2004.

［3］胡庚申. 从术语看译论：翻译适应选择论概观［J］. 上海翻译，2008（2）：1-5.

［4］胡庚申. 例示“适应选择论”的翻译原则和翻译方法［J］. 外语与外语教学，2006（3）：49-52，65.

［5］李飞扬，顾倩倩，徐天戍. 生态翻译学视角下泾县红色旅游景点公示语英译研究［J］. 海外英语，2019（15）：144-145，148.

［6］胡庚申. 生态翻译学解读［J］. 中国翻译，2008，29（6）：11-15，92.

［7］陈刚. 旅游翻译与涉外导游［M］. 北京：中国对外翻译出版公司，2004.

［8］庞娜，杨凯旋. 生态翻译学视角下山西红色旅游景区外宣英译研究：以八路军太行纪念馆为例［J］. 海外英语，2019（24）：28：29.

[9] 李月. 外宣英译的交际维度适应性转换 [J]. 校园英语，2016（24）：201.
[10] 覃小燕. 目的论指导下《长沙红色旅游导游解说词》英译研究 [D]. 长沙：湖南师范大学，2016.

基于 OBE 理念的文保建筑

融入博物馆红色教育建设的路径探讨

陈　晖　沈　威

红色资源的活化，红色精神的传递是当下重要的课题，而文保建筑是红色资源的一部分，也是红色文化精神的重要物质载体之一。本文从构建泛红色文化入手，挖掘文保建筑的红色资源，结合实际案例，从红色内涵的解码和基于 OBE（成果导向教育）理念的教育体系路径两个方面入手，阐释了在文保建筑的宣教活动中如何挖掘红色文化、塑造受教育者价值观、激发其内驱力、满足其教育需求，从而构建红色教育体系。本文通过实例特点和设计实践的经验，阐明如何打造具有思政性质、育人效果、红色氛围的文保建筑教育模式。

1　文保建筑的泛红色内涵深挖

红色文化是中国共产党在夺取革命胜利果实过程中形成的历史经验和人文精神力量，它既是共产党人的精神支柱，也是中华民族文化自信的源泉，还是激励每一位中国公民为中华民族伟大复兴而砥砺前行的强大动力。在研究红色文化时，研究者着重使用狭义的概念，即新民主主义革命时期革命精神，以及社会主义建设时期的宝贵精神文化、物质、制度。[1] 文保建筑中见证中国近代革命史的只是诸多璀璨星辰中的一部分。对于见证了中华历史长河中种种辉煌的历代建筑而言，可以从广义的红色文化理念角度来理解文保建筑的红色价值，即红色文化是世界社会主义和共产主义运动整个历史进程中形成发展的人类进步文明的总和。[2] 古今中外都可以找到符合红色文化特征的宝贵文明形态，因此，可以构建泛红色文化概念。泛红色文化可以理解为体现红色文化价值观的文化形态。在这个概念中，红色没有被局限成革命根据地、革命遗址、红色文化名人故居等，可以从更广泛的时间长河中搜寻现有资源禀赋中深藏的红色属性，为红色文化氛围的构建起到烘托功能。

从泛红色文化的角度来看文保建筑，可以从更为多元的角度分析其所包含的红色文化。分析的方式有很多，例如可以从文化内涵分类来考虑，深挖文保建筑物态、制度、行为以及带来的精神体验；按照业态划分历史、生态、人文、精神、创意、商品、知识等细分领域；也可以从中国共产党人的精神谱系的角度来区分，例如长征精神、井冈山精神、延安精神等。从中国共产党人的精神谱系来看，其中宝贵的精神内涵是历史长河中中华民族的特色和优点，因此文保建筑的红色文化可从泛红色文化角度进行深挖。

2 以于谦祠文保建筑为例的解码

为了进一步了解文保建筑的红色内涵，我们可以对其红色文化从符码的角度进行解码。文化符码解码可以利用三层分析法来进行分析。三层分别是形而上层，即文保建筑物本身包含的红色精神文化，狭义上来说就是文保建筑中包含的红色革命精神，广义上讲能够将文保建筑中与红色革命相契合的部分进行分析整理；形而中层，则是指在日常生活，或者在文保建筑维护、文保点工作人员日常工作中形成红色精神文化；形而下层，主要是指物质层面，例如在文保建筑实体上能够勘探到的历史痕迹、文物见证等。

在解码的过程中，对于谦祠案例进行了以上三层的探索。首先对中国共产党人精神谱系等一批伟大精神进行整理，将精神进一步细化，从中汲取每一种精神的内涵进行对照，例如建党精神能够通过归纳突出坚持真理、坚守理想，践行初心、担当使命，不怕牺牲、英勇斗争，对党忠诚、不负人民八个维度的特征。

具体而言，在形而上层面，我们主要通过展陈、讲解、研究文献三个角度进行内容对比。其中展陈包括展陈中的文字、展品、声光电设施三者；讲解则包含了一般讲解稿、历年讲解比赛中涉及于谦的讲解稿，以及讲解人员的日常思考；研究文献主要通过知网搜索，挖掘 1990—2022 年于谦相关史实文章 100 篇。在形而中层，从文书和业务档案中调取了日常宣教活动、维修提升工程、日常简报台账三种资料，在宣教课程中，分别从其策略层和意义层来分析课程主题，并对其信息的组合串联方式进行深入分析，同时反思其技术层。除了 PPT、视频等手段以外，我们在表达过程中还研究了语言的导入方式、论证方式、结尾方式等。在研究中，我们也挖掘了于谦祠相关工作人员在工作中舍己为人、不忘初心等言论与实践。在形而下层，由于镇河铁犀等展品已经在前两个层面进行了研究和探索，这一层面主要探索了北京于谦祠的相关情况，并通过联系相关人员、研究论文的方式探索文保建筑建造技法方面的红色文化。

通过解码，挖掘到于谦祠与红色精神在三个层面契合的条目共计 168 条（排除重复内容条目）。下表为于谦祠与建党精神中“不负人民”精神契合的具体内容，在实际解码的过程中，有较多的精神内涵存在相通之处，也可以相互印证，最终以条目的方式进行呈现。同时，解码过程中也要重视图片、视频素材、网址来源等材料的具体收集，最终形成于谦红色精神材料库。其中最为丰富的材料是于谦清廉为官的部分，除了常规的材料，也获得了相关邮票等特种素材。

于谦祠与建党精神中“不负人民”精神契合的情况表

<table>
<tr><th>契合精神</th><th>层次</th><th>详细来源</th></tr>
<tr><td rowspan="2">建党精神中与“不负人民”具体切合的内容</td><td>形而上层</td><td>展陈
①土木之变后，于谦提出了“社稷为重，君为轻”的口号。
②土木之变的壁画。
③北京保卫战中，（于）谦威令严密，目视指屈口奏，悉合机宜。（石）亨等虽大帅，进止赏罚一由谦，相顾頫首而已。——《毛泽东读书集成》112卷
④十八年巡抚任上，做了大量有利人民和国家的事情。
⑤于谦民贵君轻、社稷为重的民本思想。
⑥镇河铁犀。
讲解
①他任江西巡按，夜以继日地审理积案，惩治贪官污吏，使得冤案得以平反。
②《石灰吟》：千锤万击出深山，烈火焚烧若等闲。粉骨碎身全不怕，要留清白在人间。</td></tr>
<tr><td>形而上层</td><td>研究文献
①《明史》卷十一载：“（谦）巡抚河南、山西……时山东、陕西流民就食河南者二十余万，谦请以河南、怀庆二府积粟以振。又奏令布政使年富安集其众，授田给牛耕种。”
②于谦的诗创作于“台阁体”诗风盛行之时，彼时正值对明初朱元璋、朱棣等时期所谓“盛世”歌功颂德之时，它揭穿了这种伪装。如《悯农》《村舍耕夫》《田舍翁》《荒村》《延津县》。——《试论于谦的思想及其诗歌的现实主义精神》
③《二月三日出使》：“豺狼当道须锄殄，饿殍盈岐在抚巡。自揣匪才何以济，只将衷赤布皇仁。”
④“忧国忘家，身系安危，志存宗社，厥功伟矣！”——《明史·于谦传》
⑤《静志居诗话》：“诗岂易言哉？发于心，形于歌咏，尽乎人情物变，非深于理而适于趣，则未易工也。”</td></tr>
</table>

续表

<table>
<tr><th>契合精神</th><th>层次</th><th>详细来源</th></tr>
<tr><td rowspan="3">建党精神中与“不负人民”具体切合的内容</td><td rowspan="2">形而中层</td><td>基础部分
①艺术再创作：朱文侯《于谦忠烈图》。
②讲解留言本上相关留言 5 条。
③杭州市讲解员比赛讲解稿《镇河铁犀》。
④相关第二课堂活动简报材料 8 篇。
⑤相关讲解接待活动简报、照片材料 5 篇。
⑥工程档案材料中关于原有陈设涉及于谦不负人民的材料 3 处。
⑦获得于谦祠工作人员在抗疫过程中为大家舍小家的感人事迹简报、文字材料 4 份。</td></tr>
<tr><td>深入研究部分
①在讲解比赛中，讲稿使用了开宗明义的切入主题方法，在语音语调的处理上突出于谦为人民做实事部分，在结尾处以于谦精神升华主题。
②在第二课堂入校园的讲稿与辅助 PPT 材料中，突出了于谦巡抚阶段中为人民做实事的部分，同时对经典事迹进行分析，并适当配图突出不负人民部分内容。</td></tr>
<tr><td>形而下层</td><td>①东城区西裱褙胡同的“于忠肃公祠”，始建于明万历二十三年（1595 年），清初被毁，清光绪十五年（1889 年）重建，民国时期为民居。1984 年，被列为北京市文物保护单位。现在的建筑于 2009 年重新修葺而成。二层小楼的朱红正门上挂有“丹心抗节·明代民族英雄于谦”的牌匾，两旁的楹联是清末思想家、史学家魏源的手迹——“砥柱中流，独挽朱明残祚；庙容永奂，长赢史笔芳名。”对门的墙上，挂着一幅于谦像，两边的对联分别是清乾隆皇帝的“赤手擎天，丹心托月”与林则徐的“公论久而后定，何处更得此人”。——《丹心润廉心 热血映千秋——走进北京东城区“三祠”》
②来源于网络上的 3 篇游览心得。</td></tr>
</table>

3 基于 OBE 理念的博物馆红色教育再编码

红色文化教育和大学当中的思政教育有很多相似之处。第一，两者都是德育工作的重要组成部分。《中小学德育工作指南》中明确指出，要利用各类公益性文化设施资源，开展不同主题的实践活动。因此，文保建筑是重要的外界资源之一。第二，两者都是“三全育人（全员育人、全过程育人和全方位育人）”中的重要组成部分。学校内的思政学习属于必修，而在文保点的学习属于选修，但是在课程设计的最终目标上，两者协同促进受教育者将个人理想追求融入国家和民族的事业中，成为时代的开拓者、缔造者。第三，两者在方式方法上都需要讲好故事，让红色精神能够入心入脑。仅靠理论的堆砌很难将意识深深打入被教育者的内心，因此，无论是课堂还是文保建筑，教育都需要讲好故事、讲活故事，激发对象与理念的共情，用科学的方式将红色精神等品德教育输送给受教育者。因此，在文保建筑的红色精神资源利用中，我们可以融入学校思政课程的理念和方法，帮助文保建筑教育系统、科学、有效地开展。

因此，我们基于 OBE（Outcome-based education，OBE）理念对文保建筑红色教育进行科学分析。OBE 理念，是指成果导向教育理念，其在 1981 年提出后逐渐成为诸多国家认可的教育主流理念。这一理念紧紧围绕学习者所需要取得的学习成果进行分析，研究了学习成果的内容、需求的原因、所需要的帮助以及检测学习成果的方式四个方面的问题。根据这一方法，下面结合文保建筑在管理和宣教方面的特色，以于谦祠为例，提出了文保建筑红色教育的实践路径。

3.1 研究教育目标学习成果

研究教育目标学习成果是路径中的第一步，只有知晓目标，才能更好地找到通往目标的路径。研究人员通过测评的方式对受教育者进行调查，了解对象来于谦祠的需求，也与对方学校、教师、家长等相关者进行沟通。通过统计和分类，于谦祠游客可以根据需求分为五种：①吊唁于谦，倾慕其民族情怀的；

②中小学生学习历史、红色精神的；③机关企业单位专题红色党建学习的；④专业研究的；⑤参观游览放松的。红色文化的需求采用五点量表，按照五类人员划分后，对红色需求从高到低依次为第三类（4.76）、第二类（3.75）、第一类（2.41）、第四类（2.33）、第五类（1.34）。根据红色资源库中于谦祠与中国共产党人精神谱系的伟大精神相契合的条目，需求情况从高到低依次为：苏区精神，抗战精神中的清正廉洁、一心为民、天下兴亡匹夫有责的爱国情怀，抗美援朝精神中为了祖国和民族尊严而奋不顾身的爱国主义精神，东北抗联中的伟大的牺牲精神，北大荒精神中的顾全大局精神。同时，对想要达到的目标进行了多项选择，也组织了面谈，需求从高到低的前五位为：掌握相关历史知识、接受精神洗礼、树立正确价值观、发挥参观者相关红色精神、瞻仰于谦精神风范。而对各种不同类型的教育形式的喜好情况进行调研后得出，观看视频、参观、收听音频节目是受众的前三位偏好。

3.2 构建教育的完整体系

不同的需求，对教育提出了不同的要求。为全方面实现教育目标，需要构建完整体系来服务受教育者。根据调查结果，对于谦祠的教育课程按照不同的契合条目设计了 10 节课，每一节课重点讲述于谦祠与中国共产党人精神谱系相契合的一个条目。以抗战精神为例，为了更好地让不同受众得到收获，项目团队制定了难度螺旋式上升梯度的课程。第一讲主要安排了于谦一生的基础事迹，讲述于谦从一个普通的孩子一路成长，经过努力学习，并坚定信仰，不怕牺牲，一心为民，做出了贡献，通过刻画与受众相同阶段的细节，尽可能获得受众的认可。第二讲会涉及于谦诗词，从于谦话语的角度来展现更为真实的历史人物，这一讲对受众有更高的文言文要求。第三讲会涉及历史文物、书法作品等材料，不仅要求受教育者能够理解文章字面意思，在识别异体字、多种字体上也添加了一定的难度。同时，课程也分成了现场与非现场两类。现场版本会结合展陈顺序，发放手册；非现场的如果有多媒体手段支持，一般不发放手册。

3.3 制定教育的方式方法与策略

博物馆的教育方式有自己的特性。除了教育单方面的输出，博物馆还可采用开放式的项目制等丰富多彩的方式开展教育。

知识、精神洗礼、发挥精神是于谦祠参观的主要需求，因此，我们主要从这三个角度出发制定教育方法。在这一部分，主要的理念是能够提供个性化服务，满足受众的知识需求，在了解受众的知识需求的基础上，从知识库中选取对应的材料进行较为个性化的服务。从历史角度出发，根据工作人员的特色特长，我们准备了古汉语、官职、对比历史、普通话、句读实践等能够互动的知识内容。以抗战精神中的清正廉洁、一心为民、天下兴亡匹夫有责的爱国情怀为例，首先讲述了革命先辈的英勇事迹和历史事实，同时与于谦的生平事例一一对应，以讲故事的形式让受众了解于谦身上的红色精神。这一部分基本内容相同，由于学生受众的知识水平不同，会选择难度不同的素材。其次，互动环节。根据对象的知识需求，从相关的普通话、现代画作、论文撰写等入手来解读于谦精神。第三个模块是价值观塑造，主要分成四个步骤：①祭奠；②重温入党誓词，非党员同志可以倾听党员同志相关对应精神宣誓的音频材料；③撰写“我的红色宣言”；④一年后，会对部分对象回信、回电，重温当时写下的红色宣言或者寄送照片。如果是校园讲授、网上宣讲的情况一般会跳过第一步骤。

此外，我们还在课堂学习之外设计了开放式研学模块供受教育者单独学习或者作为学后强化的方案。主要类别有以下五种。①故事讲述活动。学生可以对文保建筑于谦祠进行研究，根据个人的兴趣爱好，选取一个点，创作讲解稿件、演讲稿件。②视频剪辑组。对文保建筑进行拍摄，设计文案，创作出有主题的文保建筑视频，部分可以通过发布平台来知晓反馈。③多媒体组。项目团队制作出 PPT、网页等形式多样的多媒体媒介，介绍于谦的红色文化。④文创组。主要是利用 3D 打印技术来制作文创小样，或者创作作品设计图等较容易实现的方式来展示。⑤文艺作品组。该环节以演唱红色主题歌曲为主，能力允许的受众也可以创作相关作品。

3.4 确定评价方案

评价能够促进教育体系的完善。对于受教育者的学习情况，采用自评、互评、教师点评的综合方式。自评一般采用主观的五点量表，让参与者评价知识、精神洗礼、发挥精神三个维度成效，并通过开放式提问收集意见与建议。互评一般是以小组为单位，相互之间进行开放的建议与互相评价。教师点评主要以鼓励为主，对学生学习过程中的闪光点进行鼓励，为了固化效果，可以采用拍照、写信等方式进行。

在条件允许的前提下，整个教育环节以开发 APP（微信小程序）的方式进行呈现，实现后期评价、过程留痕。

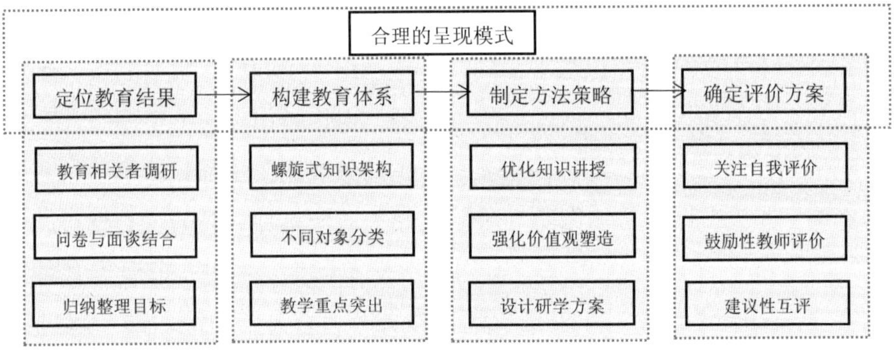

于谦祠红色教育路径解构图

4 设计过程与实践的心得与建议

部分设计方案在实践阶段无法实施。学生家长对于课内知识的需求比较强烈，对于主题的选择往往关注技能上的提高，而不是在红色精神层面，红色教育体系的目的性会有所偏离。同时，多数受教育者来文保建筑的次数不多，由于人手不足、未建立教育档案等因素，项目各环节鲜有能够充分实践的机会。但通过课程设计，团队形成了以下四点建议。

4.1 转变教育人员工作理念

博物馆教育力量正处于逐步增强的过程中，由于资源依然有限，能够触及的受教育者数量也有一定的局限。客观条件的限制导致工作人员有较为传统的理念。随着文化和旅游部科技教育司的组建，工作人员还需要以更加积极的心态接受和学习科技、现代化的教育方式，并在工作中实践。此外，借助外力也是一种较为实用的方式。除了博物馆的相关工作人员，我们还可以利用外援来进一步推广成熟的教育体系。这方面会有一定资金或者行政许可等方面的阻力。“培养什么人，怎样培养人，为谁培养人？”在宏观层面，红色精神的传递是极其重要的，在常规教育工作中也可以融入红色教育理念，为优质的人才提供坚实的理想信念根基。

4.2 融合实践深化课程方式

在红色教育方面，文保建筑教育体系可以是校内思政课程的有益补充和必要补充。红色文化的教育可以结合校内开展，无论是内容、形式还是考核方面都可以更加完善全面。教育体系内部主要可以结合“必选红色文化＋自选创意环节”的方式形成更加个性化和多样化的教育形式。个体文保建筑可以设计“公共红色文化＋特色红色文化”的主题，突出构建文保建筑某个或者某些红色文化特色，使得课程更具有独特性。在实践中，受教育者提出的需求与建议既是教育体系逐步完善的有益补充，也是宝贵财富；妥善整理研究反馈中形成的材料，可以进一步深化课程成效。

4.3 紧抓驱动优化教育成效

价值观的塑造并非一蹴而就的。在教学层面，可以通过共享资源、培训、教学观摩等方式满足教育工作者的需求，形成一定的内驱力。在课程设计层面，求实、爱国、复兴、民本、革命等特质是一直传递着的红色文化精神，与受教育者的关系也更加密切，因此这些特质也是红色精神传递、继承和发展的内生动力。地方性特色的设计、个性化的设计也可以激发“亲近感”，通过增强受教育者的认同和地域自豪感，进而激发民族认同和民族荣誉感。[1] 在红色教育体系和课程的设计中，可以有效利用好内生驱动力，使得课程目的更好地实现。

对于受教育者而言，勇攀高峰、团结拼搏等特质更加能够契合个体的需求，结合受教育者的年龄、工作等要素，挖掘共鸣点，能够更好地在教育互动环节激发其内驱力，实现教育成效。

4.4 纠正偏差促进效能提升

OBE 理念需要外环境的支持。国家或者地方层面对于红色教育的要求、质量应该有所规范。现阶段《中小学德育工作指南》和《中小学综合实践活动课程指导纲要》[2] 是红色文化课程的标准，但更需要专门的指南。在课程设计和实践过程中，要牢牢与国家目标相结合，在高纬度、高标准、高站位下实现课程开发的规范化、专业化、实效化，这对于实践者来说，更能够及时进行修正偏差，优化成效；同时，也可以通过实践 PBL（项目式学习）教学模式等新教育理念和模式来优化课程体系，打破博物馆之间或者教育机构之间的壁垒，形成共享开放的社会环境，这样的开放平台模式可以帮助红色文化教育向着更广阔的领域发展。

5 结语

习近平总书记说：“要把这些红色资源作为坚定理想信念，加强党性修养的生动教材。”[3] 文保建筑是红色文化资源重要部分，博物馆人要把生动活泼的教育体系构建起来，发挥实效，将红色文化资源以活态化的实践形态呈现出来并传承下去。[4] 对于文保建筑个体而言，优质的红色教育课程也可以对自身起到更好的宣传作用。文保建筑和红色教育课程也可以相互促进、相互成就。

陈晖，沈威，杭州西湖博物馆总馆

参考文献

[1] 王淑琴. 实施“课程思政”需要确立六种思维［J］. 山西高等学校社会科学学报，2019，31（11）：70-76.

[2] 中华人民共和国教育部. 教育部关于印发《中小学综合实践活动课程指导纲要》的通知［EB/OL］.（2017-09-25）［2017-10-30］. http：//www.moe.gov.cn/srcsite/A26/s8001/201710/t20171017_316616.html.

[3] 习近平. 用好红色资源，传承好红色基因，把红色江山世世代代传下去［J］. 奋斗，2021（10）：4-18.

[4] 陶俊怡. 红色基因传承的文化记忆维度［J］. 新疆社会科学，2021（5）：131-138，164.

博物馆红色资源利用对于教育职能的作用发挥

闫晓白

博物馆作为重要的校外教育场所，其所肩负的社会教育职能推动着馆校合作的不断创新和发展。如何利用博物馆内的红色资源更有效地对学生进行科普，如何使既有资源具有历史性、教育性、科普性等，成为博物馆红色资源利用的研究方向。红色资源的开发和利用对于学生形成正确的世界观、人生观、价值观具有重要的意义。在“双减”的大背景下，人们更加注重学生的素质教育和课外知识的探索学习，博物馆如何把握机遇，让红色资源在“双减”政策下发挥最大作用，是博物馆不断研究的方向。

1 博物馆内红色资源的开发和利用

红色教育以红色为时代精神内涵为象征，务实的落点在于教育。小学生红色教育是指遵循教育原则，结合重大节日、纪念日，利用红色资源，对小学生开展丰富多彩的爱国主义教育和革命传统教育。红色教育的重要意义有三点：

第一，有助于改善德育效果；第二，有助于培养正确的价值观；第三，有助于净化校园文化环境。[1]习近平总书记指出，要强化教育功能，围绕革命、建设、改革各个历史时期的重大事件、重大节点，研究确定一批重要标识地，讲好党的故事、革命的故事、英雄的故事，设计符合青少年认知特点的教育活动，建设富有特色的革命传统教育、爱国主义教育、青少年思想道德教育基地，引导他们从小在心里树立红色理想。[2]博物馆爱国主义教育基地的建立，是利用博物馆资源和博物馆教育职能对公众特别是对青少年进行爱国主义教育的重要举措。[3]博物馆虽然有大量的文物资源，但如何更好地对其开发并将其利用于科普活动中，使教育职能发挥最大水平，也是不断钻研和努力的方向。

1.1 红色教育资源的科普方案设计

文物所承载的不仅仅是知识，更是一段历史，具有培根铸魂、立德树人的功能，我们从文物中能感受到爱国主义精神。所以，在科普方案设计的过程中更加注重的是在情感领域的目标设立，主要是指学习者对于外界刺激在感觉、兴趣、态度、信念、价值观等领域的反馈，进而影响后续的行为，并采取相应行动。设计主要体现在 5 个层次，主要内容如下。[4]

接受层次：对某种现象与刺激，学习者感觉或注意到它的存在并接受它。教师通过引导策略，吸引学习者注意并接受，直至形成进一步的动机。

反应层次：当产生学习动机以后，学习者会积极地注意现象且有所反应，但还没有付诸行动。这类目标与“兴趣”相似，强调对特定获得的选择与满足。

价值评定：学习者将对自己的评价转变为一种价值观念，并将现象、事物或行为进行价值内化，成为自身的价值规范。

价值组织：学习者将各种内化的价值组织成一个体系，并构建各种价值之间的关系，接受自己认为重要的价值观，形成个体价值观体系。

品格形成：学习者依据价值体系表现出前后一致的行为，内在行为支配外在行为，对相关情景能表现出一致的反应。学习者通过对价值观体系的组织，逐渐形成个人的品质。品质形成分为一般态度的形成和品格的形成。

以情感目标作为切入点，通过研究学生在日常学习、生活、人际交往等方面的行为，结合博物馆对于红色文化、传统文化的认知调查，形成博物馆红色资源利用的核心课程，以馆校合作的方式让学生走进博物馆，通过研究课程学习后的切实心得体会，在交流学习、社会服务等方面完善红色资源校外教育体系的建立，制定校外教育标准化体系，帮助学生将校内课程更好地融会贯通，更好地将红色文化传承下去。红色教育帮助学生树立健全的人生观、价值观，坚定文化自信，传承红色文化和传统革命精神，这不仅是时代和社会发展的需要，也是促进学生全面发展，深入贯彻落实“立德树人、育人为本”的必然要求。

1.2 红色资源课程教学方法确立

在此次课程教学方案设计的过程中，博物馆社教人员探索式采用 DBR 的教学理论，让整体的校外教学内容更加规范，也让学生能在整体课程内容中得到指导学习的科学理论、科学精神等。DBR 是基于设计的研究，在英文中的一般表述为 design-based research，是一种为了解决现实教育问题，管理者、研究者和实践者等共同努力，在真实自然情境下，通过形成性研究过程，并综合运用多种研究方法，根据来自实践的反馈不断改进并排除缺陷，形成可靠而有效的设计，进而实现理论和实践双重发展的新兴研究范式。其研究的核心要素是教育干预的设计、实施、评价和完善。主要特征见表 1。

表 1　DBR 主要特征

DBR 基本特征	内容	对应课程内容
目的双重性	理论是基础，也是结果，理论在 DBR 中得到了持续的发展	对于詹天佑建设京张铁路内容的学习，更重要的是学习创新性思维的实践理论和发展理论等

续表

DBR 基本特征	内容	对应课程内容
参与多元性	教育研究者、政策制定者和教学实践者共同参与的研究范式，是在理论指导下基于现实问题的研究过程，既保证了研究的理论性，又保证了研究的时效性	在博物馆社教人员和教师的共同协作下完成课程内容的制定
情景自然性	把教室当作实验室，通过特定的场合设计学习环境来促进教学和学习，具有很强的情境性和针对性	将校内课程学习和走进博物馆沙盘、模拟舱等情境教学相结合，以达到更好的效果
过程形成性	研究者、实践者、管理者通过师生之间、师师之间、生生之间的反馈寻找理论依据和现实依据，从而优化最初设计	在博物馆、学校、学生的合力下，多次调整形成具有趣味性的护照、学习单等
方法整合性	运用多种研究方法，不仅能全面详细地收集整理数据信息，还能客观准确地反映现实情境，并且混合评价方法为研究结果的评价提供了信度和效度支持	搭建博物馆、老师、学生、家长教育平台，通过问卷、电话、实践等多种方式实现最终的成果

通过此方法进行研究对于博物馆内社会教育体系的形成具有很高的借鉴意义，我们也可以及时调整课程内容，完善活动流程，使社会教育活动不断优化升级，从而实现与时俱进，以期让学生达到更好的学习效果。我们应研发校外教育课程并不断规范化、合理化，使其真正成为学生教育的第二课堂，让校外教育在新时代扬帆起航。学校充分利用博物馆红色文化教育资源，真正让“红色文化”发挥出教化育人、凝心聚力的作用，对学生起到震撼心灵、激励精神、启迪思想的作用，增强学生爱国情怀。

2 问题导向推动馆校合作发展

博物馆是校外教育的重要场所，但方案在如何更加适应学校要求以及符合不同年龄段学生的要求方面考虑得还不够全面，在馆校合作协调统筹发展方面还存在着不足。第一，针对青少年的红色文化类趣味工具书少之又少。第二，校外教育与课程标准没有形成体系。第三，校外教育实践忽略了家庭、社会和系统性的区域文化单位。

2.1 馆校合作统筹发展

第一，博物馆利用自身资源优势主动出击，与学校老师积极对接利用博物馆红色文化资源，开发实践育人特色活动课程。此次课程的研发设计在贴合学校课标基础之上，走进博物馆，感悟红色文化，成立社团，让学生成为传播红色文化的主体，让更多的学生了解红色地图，明白红色文化的意义。第二，博物馆通过有效机制与学校同步形成学习评估体系。当下常用的教育方法，如调查问卷、学习单、指导手册等，教育内容空、方法旧，导致一提到“校外教育”，学生想到的就是“游玩、日记、课外作业”，从心理上感到的是恐惧、抵抗、虚假接受……完全背离了校外教育的本质与意义。护照打卡、志愿服务、线上交流等创新性探究式培养方式更加注重对学生的情感、意志和自主化行为的培养，关注学生的心理发展特点和需求，用他们喜闻乐见的方式产生潜移默化的影响，最终将课程内涵转变为学生自己的价值观，并外化为行为。第三，从过往的研究和博物馆调查问卷的反馈中可以看出，我国养成教育的阵地依然集中在学校。学生在教师的教育、引导下能够在学校保持良好的行为，但是一旦回到家中或处于社会环境中，学生也会出现懈怠行为。校外教育应真正做到教育引导跨空间，多系统协同作用，博物馆针对红色资源的开发利用做到学有所用，通过校外教育助力校内德育标准一体化的实施。

2.2 课程开发原则

通过对每个课程的教学内容与教学目标的撰写，进一步衡量学生对于校外活动的收获，让校外活动体系标准化。第一，采用以“学生为主导”的原则，在课程开发中不仅能对学生宣扬红色文化，还能让他们充当演讲老师，加入文献研究方法和探究式学习思路。第二，学生在活动中不仅能听、能看，还能行动起来，红色教育不仅仅是一次参观学习，更重要的是体现到行动中，提升学生的服务意识和奉献精神。第三，完成红色资源学习评价体系设立学习单和学习护照，激发学生学习的兴趣，改变学生对于学习历史感觉枯燥的认知，通过打卡、问答等形式将学习的知识融为一体，减轻学生参观压力，不仅让学生收获了知识，还体验了乐趣。

3 红色资源相关课程开发对于教育职能的作用发挥

红色资源是集政治教育、经济发展、文化传播与创新等价值于一体的综合性资源，中小学主题实践活动要强调对红色资源的综合开发和利用，努力把历史和现实、优良传统和时代精神、传统展示方式与现代科技应用全面结合起来。[5]博物馆作为校外教育的重要场所，以馆校结合的方式将特色课程融入校园教育，与当下德育课标相结合，更好地制定出针对学生校内与校外的学习课程，加深学生对于红色历史文化的理解，为学生提供更大的平台去展示所学知识，增强爱国主义情怀，坚持把立德树人作为根本任务，更好地发挥博物馆的教育职能。

3.1 博物馆内红色资源课程开发

中国铁道博物馆针对学校需求结合自身红色资源开发了相应课程。

第一阶段：进入小学进行调研，成立社团。

第二阶段：博物馆老师有针对性地设计课程内容。确定学生服务定位，讲述探究式学习方法等，部分课程内容如表 2 所示。

表 2　部分课程内容

课程名称	主要内容
一、我是小小红色宣讲者	作为一名红色宣讲者，你的责任和使命
二、宣讲礼仪规范	作为一名宣讲人员举手投足的礼仪规范
三、传统红色故事	“茅以升”科学思想，奋斗不息、矢志报国、科学求真的科学思想，是他为后人留下的一笔仰之弥高的丰厚精神财富。 “詹天佑”科学思想，爱国、创新、自力更生、艰苦奋斗的科学思想，激励着世人不断进取

第三阶段：制定教学方案。以学生诵读会、歌唱祖国、红色影片欣赏等方式让学生感悟红色历史。

第四阶段：学生走进博物馆参观学习，完成校外教学辅助任务。

第五阶段：学生形成自己的红色参观心得，与自己的学习生活联系起来，从小事出发，从点滴做起完成自己的小小红色宣讲者演讲稿。

第六阶段：小小宣讲者在校内开展讲座活动或走进博物馆进行科普志愿活动。

3.2　博物馆社会教育职能作用发挥

随着人们对于文化事业越来越重视，博物馆、图书馆等走进了人们的生活，参与博物馆内的科普活动成了人们走进博物馆的主要目的，这就对博物馆从事科普活动设计的工作人员提出了更高的要求。针对观众的不同年龄、不同地域、不同职业，要让活动更加科普化，要在活动设置过程中做到“以人为本”尊重人的个性化发展，就需要设置多种活动，将活动环节由单一到多样化，为观众提供定制化科普活动，以满足人们不断增长的社会需求。博物馆拥有大量的文物资源对观众进行展览展示，而博物馆的社会教育的基础就是实物和常设展览，以可见的文物、模型、图片、资料等为展示内容进行的社会教育才具备直观性和说服力。通过设计动手活动等环节，增加博物馆内参观的趣味性，让人们对于知识的获取产生兴趣，则是博物馆内科普活动设置的重要意义。博物馆社会教育中最重要的一点就是参与度，往往体验项目较多的科技类场馆通常对于观众的吸引度更高。科普活动如果缺乏了观众的参与，只是简单的几个环节就结束的话，往往就让受众丧失了对于学习的兴趣，会让观众感觉枯燥乏味。如何降低活动门槛，提升观众的参与度，真正做到科普不分年龄、不分地域、不分界限，则是科普活动设计者需要不断思考的问题。人们不断提升的参观需求，推动着博物馆科普活动的创新性发展，博物馆科普活动不仅让观众通过感官（视觉、听觉、嗅觉、触觉）等来完成传统体验，而且加入了很多现代科技元素，VR 体验、球幕电影等活动，增加了沉浸式的体验。只有不断增强科普活动的创新性发展，才能更好地发挥博物馆的教育职能。

4 结语

对于青少年的红色教育，博物馆应更加重视作为校外教育基地的自身建设工作，提高科普活动的质量以达到更好的教育目的。红色教育要出效果、见实效，就要在实践上下功夫，更要在教育评价上施力。要针对不同主体、不同学段和不同类型教育的特点，分类设计、稳步推进，提升红色教育实践育人评价体系的系统性、整体性、协同性。[6] 博物馆应主动出击，结合自身资源做到馆校结合。红色资源利用对于博物馆教育职能的发挥具有极大的推动作用，通过社教方案体系构建、学习能力目标设立可以对学生的思想品德与行为习惯产生深远影响。最好的教育一直在路上，博物馆一定可以利用好红色资源，谱好科普篇章，让教育职能发挥更大作用。

闫晓白，中国铁道博物馆

参考文献

[1] 邵春荣，胡慧丽. 新时代小学生红色教育模式的构建 [J]. 教育文汇，2021（7）：11-13.
[2] 习近平. 用好红色资源 赓续红色血脉 努力创造无愧于历史和人民的新业绩 [J]. 求是，2021（19）：4-9.
[3] 北京博物馆学会. 博物馆的社会教育 [M]. 北京：北京燕山出版社，2006：113.
[4] 任秀华. 科普场馆教育活动开发设计 [M]. 北京：中国科学技术出版社，2020：59-60.
[5] 韩露，万伟. 设计思维下红色主题实践活动的开发 [J]. 江苏教育，2021（Z7）：55-57.
[6] 杨波. 青少年红色教育中的实践育人策略研究 [J]. 江苏教育，2021（Z7）：24-26.

试论红色场馆小学生教育体验课程策划与实施

韩　一

党的十八大以来，党中央高度重视爱国主义教育，并作出一系列重要部署。红色场馆作为开展爱国主义教育、党史学习教育、下一代思想教育的重要场所，在新时代担负着更加重要的教育使命。小学生是红色场馆观众、红色课程受众的重要组成部分，如何策划高质量、强传播、易学习的小学生红色教育课程成了所有红色场馆共同面临的问题。本文将分红色场馆教育课程现状、教育课程需求及教育课程的策划与实施三个方面，结合相关案例来尝试讨论如何策划能够满足小学生爱国主义教育需求，吸引小学生主动学习历史的体验课程。

红色场馆历来是记录、宣传及弘扬中国及中国共产党历史的主要场所，是培养公众爱国主义精神的主要场所。而爱国主义作为民族精神的核心，维系着中华民族的团结统一，激励着中华儿女自强不息、奋勇向前，对于实现中华民族的伟大复兴有着重要的作用及意义。如何将爱国主义教育贯穿国民教育全过程，深化爱国主义教育效果，引导公众主动学习红色历史，培养、激发爱国主义精神是红色场馆面临的新的机遇及挑战。

小学阶段是人生发展的重要时期，也是树立培养正确社会价值观的重要时期。加强小学生爱国主义教育，有利于小学生群体了解中华民族历史、增强文化自信、理解中国梦内涵，并在成长过程中将爱国主义内化为行动，体现在未来学习、生活、工作的每一个细节上。

因此，本文将聚焦针对小学生群体策划的红色场馆教育课程，探寻如何进一步加强小学生群体的爱国主义教育。

1 红色场馆教育课程举例

笔者梳理了过去几年部分红色场馆策划的教育课程的主题、内容、形式等信息，以探寻红色场馆教育课程的现状。

1.1 中国人民革命军事博物馆

中国人民革命军事博物馆（简称“军博”）是中国第一个综合类军事博物馆，其基本陈列主要分为“中国共产党领导的革命战争陈列”“兵器陈列”“中国历代军事陈列”“军事科技陈列”“红色记忆——馆藏革命军事艺术作品陈列”五个部分。2021 年国庆节期间，军博联合北京红德教育共同策划组织了以家庭为单位的军事主题爱国主义教育研学活动①。

该活动主要分为讲解员导览和学生动手参与两个部分。参与者以家庭为单位跟随讲解员参观展厅，聆听亲历者故事，学习党史军史，解读兵器科技，回顾中国共产党领导之下的人民军队逐步发展壮大的光辉历程（图 1）。参观结束后，学生参与者在展馆内的活动体验区自己动手组装了相关军事装备的 3D 模型拼图（图 2）。

① 相关资料来源于中国人民革命军事博物馆官网：http://www.jb.mil.cn/cyhd/jzhd/hdhg/202110/t20211008_48 710.html。

图 1　讲解员带领学生参观军博
（图片来源：中国人民革命军事博物馆官网）

图 2　活动参与者拼装防空导弹车 3D 拼图
（图片来源：中国人民革命军事博物馆官网）

1.2　中国人民抗日战争纪念馆

中国人民抗日战争纪念馆（简称“抗战馆”）是中国唯一全面反映中国人民

抗日战争历史的大型综合性纪念馆，从各方面展现了全国各民族、各阶级、各党派、各社会团体、各界爱国人士、港澳台同胞和海外侨胞英勇抵抗日本军国主义侵略的光辉历史，突出表现了中国战场作为东方主战场，为世界反法西斯战争胜利做出的巨大历史贡献。

自 2014 年 9 月，北京市教委正式启动北京市中小学“四个一”活动以来，抗战馆先后接待北京市各区县中小学生 50 余万人次。[①] 2021 年 9 月举办的“四个一”活动开学第一课，则通过多样形式（观看展览、聆听抗战故事、学唱红色歌曲等）带领 200 余名师生重温了中国共产党 100 年来走过的光辉历史和发展历程（图 3）。

图 3　抗战馆“四个一”活动现场

（图片来源：搜狐网账号博物馆世界）

同时，抗战馆为学生开设绿色通道、开辟“四个一”活动场地，进一步配合并推动了活动的顺利开展，也为普通观众的正常、有序参观提供了保障。

此外，国家博物馆、中国人民革命军事博物馆、首都博物馆策划的爱国主义教育活动也是北京市中小学生“四个一”活动的重要组成部分，此处不一一列举。

① 相关资料来源于北京日报客户端：https://baijiahao.baidu.com/s?id=1710936377992001015&wfr=spider&for=pc。

1.3 侵华日军南京大屠杀遇难同胞纪念馆

侵华日军南京大屠杀遇难同胞纪念馆于 1985 年正式建成开放，通过三个基本陈列向观众展示了南京大屠杀、日军“慰安妇”制度、中国人民抗日战争伟大胜利的历史。为进一步加强学生教育，纪念馆设有“小小紫金草研学课堂”和针对海外青少年开设的“紫金草国际和平学校”①。“小小紫金草研学课堂”（图 4）主要是组织学生参观纪念馆，参加升旗仪式，向南京大屠杀遇难同胞默哀、献花，撞响和平大钟，与亲历者和见证者对谈，参与“紫金草”相关手工制作等活动，旨在通过仪式体验培养学生爱国之情。

同时，针对其他类型的观众群体，纪念馆还设有“紫金草和平讲堂”“让记忆照亮未来”等系列品牌活动。

图 4 “小小紫金草研学课堂”活动现场
（图片来源：侵华日军南京大屠杀遇难同胞纪念馆）

① 相关资料来源于侵华日军南京大屠杀遇难同胞纪念馆官网 http://www.19371213.com.cn/learn/community/201811/t20181107_2231949.html。

1.4 中国共产党第一次全国代表大会纪念馆

中国共产党第一次全国代表大会纪念馆由中国共产党第一次全国代表大会会址、宣誓大厅、新建展馆等部分组成，其基本陈列“伟大的开端”以“初心使命”贯穿全篇，分 7 个板块，旨在展示中国共产党的诞生历程。[①]

中共一大纪念馆于 2021 年 10 月起参与并主办了“百物进百校，百讲证百年”系列主题班会活动（图 5），带着馆内收藏的 100 件珍贵革命文物走进 100 所学校，用一件文物一个故事的方式，将一段历史讲细讲精，帮助学生感受英雄先辈们在特殊时代的革命精神与斗争智慧，培养其爱国主义情怀。

图 5 “百物进百校，百讲证百年”系列主题班会活动现场

（图片来源：上观新闻网）

1.5 瑞金中央革命根据地纪念馆

瑞金中央革命根据地纪念馆于 1958 年正式开馆，基本陈列“人民共和国从这里走来——中华苏维埃共和国史”以中央革命根据地和中华苏维埃共和国历

① 相关资料来源于中国共产党第一次全国代表大会纪念馆官网：https://www.zgyd1921.com/about.html。

史为主线，涵盖全国13块革命根据地历史，重点展现了中国共产党领导开展的治国理政的伟大实践和探索，反映了中华苏维埃共和国是中华人民共和国的雏形，人民共和国从瑞金走来的主题。①

2022年“五一”期间，瑞金中央革命根据地纪念馆陈列馆管理处组织开展了“火眼金睛探馆藏”社教活动，通过参观展览、寻找文物并拍照打卡等方式帮助参与活动的学生积极主动地了解历史、读懂文物。此外，为进一步以红色文化育人、提升学生群体精神素养，瑞金中央革命根据地还组织策划了故事讲演（图6）、特色实践课程、红色文化进校园、“红都讲坛”等以学生群体为主要受众群体的红色主题教育活动。

图6　瑞金中央革命根据地纪念馆组织学生观看“苏区精神永放光芒”故事讲演

（图片来源：国家文物局官网）

1.6　总结

上文列举了包括中国人民革命军事博物馆、中国人民抗日战争纪念馆、侵

① 相关资料来源瑞金中央革命根据地纪念馆官网：http://www.rjjng.com.cn/gaikuang.thtml?id=10928。

华日军南京大屠杀遇难同胞纪念馆、中国共产党第一次全国代表大会纪念馆、瑞金中央革命根据地纪念馆在内的 5 个具有代表性的红色场馆及其品牌教育活动。结合这些系列活动，我们从以下三个方面对目前红色场馆的课程活动策划情况进行讨论。

1.6.1 馆校合作机制

2020 年，教育部、国家文物局联合印发了《关于利用博物馆资源开展中小学教育教学的意见》，我们可以看到促进博物馆资源融入教育体系、提升中小学生利用博物馆学习效果刻不容缓且意义重大。在各项政策、意见的推动下，博物馆愈发重视“第二课堂”的建设，各馆纷纷与学校建立馆校合作机制，上述 5 家博物馆也与各类学校建立了合作关系。如：中国人民抗日战争纪念馆的“四个一”活动、侵华日军南京大屠杀遇难同胞纪念馆与南京大学共同推动历史研究工作并举办相关讲座。

相较于校内体系化学习学科知识点的教育方式，馆内教育手段更加灵活、更加多样化，能够更加直观地引导学生积极探索主动学习。[1] 同时，馆内教育的推广可以扩大场馆影响力，为场馆吸引更多的观众，从而实现社会教育资源的整合和合作效益的最大化。[2]

1.6.2 教育分众化及活动规模

为了实现社会教育资源使用的最优化，场馆必须充分考虑教育活动目标群体的特征及学习特点，从而有针对性地设置活动及课程。因此，场馆教育活动策划需要充分体现分众化。“分众化”一词来源于“分众传播”，即根据受众差异为特定的受众群体提供具有针对性的服务。[3] 每一个年龄段的学生的学习偏好、学习能力、注意力集中时长、学习需求都不一样，制定具有针对性的教育活动方案能够更好地利用馆内资源充分满足受众学习需求，实现有效教育。

同时，因馆内教学须充分考虑文物安全性和其他观众群体的参观体验，同时要明确区分与学校授课式教学，因此馆内教育活动① 的策划需要充分考虑授课规模。人数过多的讲座式教学只是将授课地点从学校变成了馆内，实质上并不

① 此处讨论的活动不包含讲座类活动。

能够充分调动场馆内资源，同时失去学校制度的约束反而不利于低年级学生的学习和体验。

1.6.3 “还课”机制

学校教学有着规范的教学及考核机制，第二课堂的教育活动也需要设置一定的监督与考核以确保教学活动的有效实施。“还课”指的是老师在完成教学任务后，给学生一定的时间自行理解、复习学习内容，再通过学生复述的形式进行学习情况检查。“还课”凸显了学习者的主体作用，化被动学习为主动探索，并让学生在学生讲解的过程中完成查漏补缺，同时，培养学生自信心。[4] 在上述 5 个博物馆的案例中，有些馆配套了“小小讲解员”的活动，即参与教育活动的学生可以在活动结束后作为博物馆的小讲解员参与之后的志愿讲解服务。这其实就是一种馆内“还课”机制，它可以有效地激发学生学习兴趣，促进学生主动学习，推动学生积极了解文物及历史知识。

2 小学生教育课程策划逻辑

策划小学生教育课程，首先要明确的是小学生的学习特点。现在研究中常见的“K12”其实是国际上对于基础教育的统称，它涵盖了从幼儿园（3 岁左右）到 12 年级（18 岁左右）所有人群。但从教育学、教育心理学的角度来看，这样的分类标准并不利于相关机构研究学生的学习动机及学习模式。为了便于本文讨论，下文将以 7~11 岁的小学生群体作为主要研究对象。

2.1 建构主义学习理论

建构主义的基础是世界的客观存在性，但它又主张人的认知是建立在个人经验的基础之上的。也就是说，人们将根据自身经验对同一事物产生不同的理解。正如马克思主义理论中所提及的那样，人的认识能力在实践中产生，并伴随着实践的深入而产生变化。[5]

建构主义主要涉及以下三个主要观点：“知识观”“学习观”“教学观”。“知识观”即个体基于自身的经验对客观世界形成具有个人特色的理解；“学习观”即学习者根据自身经验对外部信息进行选择、处理，学习不是一个被动接受的过程，而是学习者主动学习的过程；“教学观”基于学生本身的经验，在探索中构建出新的知识体系。基于这样的理论，我们要充分认识到，学生个人经验、生长环境等因素在其整个学习阶段中产生的重要作用和影响。知识的传播不是一个定论的宣传，而是让学生结合自身经历进行思考，形成新的经验。

因此，我们在设计小学生教育体验课程时，需要积极引导学生自发地对文物、对历史、对知识进行思考。

2.2 皮亚杰：具体运算阶段

瑞士心理学家让·皮亚杰曾将人的认知发展分为“感知运算”“前运算”“具体运算”“形式运算”四个阶段，他认为人的认知是人在与环境相互磨合的过程中不断重构的。[6] 7~11 岁儿童在皮亚杰的研究中属于“具体运算阶段”，他们的思维一般具有“多维性”和“可逆性”。这一阶段的孩子可以进行独立思考，也可以借助具体的事物完成逻辑推理。[7] 值得注意的是，在这一阶段的学生可以从他人的视角对事物进行理解，也能够通过观察他人的行为进行判断。[8]

这一研究意味着具体运算阶段的学生，可以通过阅读、观察、实践的方式对周围的事物形成理解及认知。同时，他们不再以“自我”为中心，开始能够站在他人的角度理解问题。此外，这一阶段的学生有了“集群”的概念，事物在他们的眼中不再是单一的个体，具有共性的事物在他们的眼中将被归为一类，他们更容易理解某一类人、事、物之间的关系。

也就是说 7~11 岁的小学生群体具有举一反三的能力，教育课程可以先由老师完成案例示范，再通过游戏环节、问题设置等方式引导学生积极在馆内探索完成事件联想及相关历史知识的学习。

2.3 学习动机

学习动机是指激发个体进行学习活动、维持已引起的学习活动，并使其行为朝向一定的学习目标的一种内部心理状态，它包括两个基本组成部分，一个是学习需要，另一个是学习期待。[9]学习动机将直接影响学生的学习态度及学习成果。

同时，英国博物馆教育专家艾琳·胡珀-格林希尔在书中曾提到“教育”更强调由教师进行知识的输出，而“学习”则更强调以学习者为中心，由学习者主动地完成知识获取的过程。[10]博物馆、红色场馆作为“第二课堂”、非正式教育场所，应该积极引导学生在馆内进行探索、学习。基于此，“红色场馆学习”的说法相较于“红色场馆教育”则显得更加合适。

基于上述四个方面的研究，红色场馆应从“探究学习”（引导学生不断发现并解决问题）、支架式学习（为学习者提供帮助并辅助其独立学习）、情境教学（在一定的情境中发现并解决问题）、合作学习（通过与他人合作的方式完成学习目标）四个角度设定展教活动，将更有利于7~12岁观众群体在博物馆内进行有效学习。

3 教育课程策划实施

在正式策划教育课程之前，馆方还需要明确场馆在这一活动中的作用及目的。一般来说，教育活动主要具有知识的传播、自我身份的构建及社会责任的体现三个方面的目的。“教育”是文博类场馆的重要属性之一，知识的传播目的在此不必赘述；而文博类场馆作为社会公益组织，其所承担的社会责任也是众所周知的。因此，这里重点阐述“自我身份构建”这一目标。

“自我身份构建”过程中最为重要的一个词是“认同”，即个人对于社会身份的认知，与特定的社会群体产生链接，营造归属感，是当代社会发展的重要心理保障。[11]人们通过不断完善自我身份的构建，明确对个人社会身份的认知，对具有类似文化、社会属性的群体产生共鸣，从而更好地提升群体凝聚力，推动相关群体的发展。[12]在这一过程中，红色场馆发挥的作用要远大于综合性博物馆。红色场馆在努力培养学生爱国主义精神的同时，应该积极引导学生完善自我身份的构建、培养文化自信，即引导学生探索红色历史与自身之间的关联，中国共产党带领人民创造什么样的美好生活，学生在未来又能为国家做出什么样的贡献。随着这些问题的明确，红色场馆教育活动的价值观导向作用也就逐步清晰了起来。

“第二课堂”的学习其实和学校学习有着许多类似之处。学校学习包括预习、上课、复习三个阶段，红色场馆内的教育体验课程也一样，需要从课前、课中、课后三个阶段来进行准备。

3.1 课前

高效学习博物馆内的历史知识，必然离不开课前的准备工作。

3.3.1 博物馆进课堂

正如前文提及的中共一大纪念馆送文物入校的活动一样，馆方教育部门的工作人员或志愿者利用展品模型在学校完成一节简单的班会课，或者设置谜题引导小学生入馆探索激发参观兴趣，这些都是一种有效地帮助学生群体提前了解博物馆或者历史的方式。

如果后期学校无法组织学生到馆参加活动，也可通过趣味班会的方式给学生留下印象，鼓励学生利用课后时间和家长完成参观，从另一个角度来看，这也是一种实用的引流方式。

3.3.2 教师职业培训

小学生是参与馆内教育活动的重要群体，而带队教师又是唯一全程参与教育体验活动的教职人员，带队教师的认知和理解将对学生的参观体验造成影响。因此，对于教师的职业培训就显得非常重要。

在欧美某些教育活动体系较为成熟的博物馆机构内（如美国史密森尼学会），就有专门为教师开设的教育培训活动。而在日本的部分学校，更是要求教师在博物馆内完成一年左右的志愿服务，以了解历史、了解文物，帮助馆方从教育学、教育心理学角度出发策划教育体验课程。

3.3.3 提供在线互动资源

在数字化时代，馆方更应积极利用数字资源加速内容的传播，伴随着“元宇宙”概念的兴起，线上展览、线上互动式展览等数字展览方式与人们的生活连接得越来越紧密。但已有的数字展览是一种制式化的参观流程，很难吸引小学生的注意力及关注度。

基于这样的情况，红色场馆可以在保证历史真实性和严肃性的前提下，适当加入游戏玩法（如角色扮演类游戏、文字剧情类游戏），通过闯关的方式层层递进，最终展现展览主题及核心价值观。可能这样的学习方式更能调动小学生的学习积极性，引导学生自主学习历史。

3.2 课中

课中是整个教育体验课程策划中最为重要的环节，直接影响学生对于场馆的印象、知识的习得、学习的兴趣、价值观的构建等。因此，结合目标受众群体的特征，合理地设置学习环节显得至关重要。不仅仅合理设置课程环节是博物馆从业人员的工作，在必要的时候他们还应该和带队老师进行沟通与合作，充分了解学生个性。

3.2.1 导览解说

学生到馆后首先需要了解一些博物馆的基本信息，因此博物馆应当安排专业的讲解员对展览、展品进行解说。与常规导览不同，针对小学生的讲解服务语言应更通俗易懂，同时考虑小学生的注意力集中时间一般在 30 分钟左右，所以讲解员须控制讲解时长、把握讲解节奏、筛选展品展项、合理安排参观动线。

此外，博物馆还可提前邀请带队老师作为助讲，适时通过提问的方式调动学生兴趣、维护秩序、照顾部分需要重点关照的学生。

3.2.2 互动体验

“第二课堂”学习与学校学习最大的不同在于实地性，学生在馆内学习的过程中能够实地参观、研究展品，体验部分互动展项，从而获得沉浸式学习的体验。因此，红色场馆在设计体验课程时，需要充分考虑并发挥场馆优势，结合讲解节奏穿插互动体验项目。为了进一步打造沉浸式的学习氛围，很多场馆会先安排参与体验课程的学生换上相应的服装，再通过灯光、气味、温度的调节尽可能地营造历史氛围，引发学生的好奇心。

为了加强学生的学习体验，整个课程的设置可以充分运用听、说、读、写、画等多种方式，围绕一个历史事件或者一件展品展项进行重点教学。

3.2.3 组间竞争

良性竞争能够提高学生的学习效率。[12]因此，红色场馆在策划课程活动时可酌情增加竞赛环节，如小组竞赛、个人积分制、馆内寻“宝”等。

但教育体验课程与学校教育不同，场馆的比赛策划应该充分考虑和照顾每一个参与活动的学生，帮助他们在竞争和激励中成长，而不是只关注获胜的学生。

3.3 课后

正如前文所提及的“还课”机制，教育体验课程结束后的回顾对于博物馆而言也是一种检验自身教育课程合理性的方式。同时，“还课”机制还能够增强馆方与学生群体的黏性，加强双方的交流与合作，进一步发挥其作为“第二课堂”的作用。

3.3.1 小小讲解员

“小小讲解员”实质上是对曾经参与活动的学生的成果检验，但在讲解过程中也能够培养学生的自信。卢浮宫也有着类似的项目，不过他们的目标聚焦在青少年群体。

此外，针对小学高年级学生，馆方可充分利用虚拟策展软件，将从教育活动中习得的历史知识输出为虚拟展览，以此来评估学生在这项活动中的学习能力，适时地对活动方式进行调整和完善。

3.3.2 馆校合作机制

建立长期的馆校合作机制，不只是国家政策的导向及要求。对于馆方而言，“馆校合作机制”可以培养小学生走进博物馆的习惯，充分发挥场馆的公众教育作用和公益属性；对于学校而言，“馆校合作机制”是课外实践活动的机遇，是对课本知识的补充，能够帮助学生更深入地了解历史，在体验学习中树立正确的价值观。

4 结论

宣传教育工作是红色场馆联系人民群众的纽带，是充分发挥陈列展览宣传教育作用的重要环节。在新媒体时代，红色场馆更应积极拓宽宣传渠道、拓展教育方式，充分利用各种方式增强人民爱国主义情怀，培养孩子的爱国主义意识，让社会主义核心价值观在下一代心中生根发芽。

韩一，杭州运河辰和博物馆有限公司（中国京杭大运河博物院（暂名）筹）

参考文献

[1] 杨迪，姚博. 馆校合作有效性的现状与改进［C］// 辽宁省科学技术馆. 科技场馆科学教育活动设计：第十一届馆校结合科学教育论坛论文集. 北京：科学普及出版社，2020：333-337.
[2] 唐郦薇，郭卉. 博物馆与学校长效合作机制初探：以南京地区为例［J］. 东亚文明，2021（0）：299-308.
[3] 郑晶. 分众化理念下双主体馆校合作模式的构建：以南京博物院为例［J］. 博物院，2021，25（1）：65-72.
[4] 李小毛. “还课于生”课堂教学改革的探索与实践［J］. 文化创新比较研究，2022，6（8）：136-139.
[5] 李方. 教育知识与能力［M］. 北京：高等教育出版社，2011.
[6] 王沛，康廷虎. 建构主义学习理论述评［J］. 教师教育研究，2004（5）：17-21.
[7] 周姣术，朱华. 浅谈皮亚杰认知发展理论对当代教育教学的意义［J］. 学理论，2017

（8）：172-173.

［8］皮连生. 学与教的心理学［M］.5 版. 上海：华东师范大学出版社，2009.

［9］李伯黍，燕国材. 教育心理学［M］. 上海：华东师范大学出版社，1993.

［10］艾琳·胡珀 - 格林希尔. 博物馆与教育目的、方法及成效［M］. 蒋臻颖，译. 上海：上海科技教育出版社，2017.

［11］宋向光. 促进“认同”是当代博物馆的重要任务［J］. 东南文化，2011（4）：9-13.

［12］刘水双. 小学生竞争心理培养的必要性和应注意的问题［J］. 新课程（下），2014（1）：89.

新时代背景下红色旅游景区研学项目的实践与探索

以刘少奇故里景区为例

肖煊一　刘　珊　陈诗敏

《2016—2020年全国红色旅游发展规划纲要》提出，要推动大中小学生社会实践活动与红色旅游相结合，依托红色旅游景区组织参观活动、研学旅行，开展爱国主义教育和革命传统教育，深化青少年社会主义核心价值观教育。本文以刘少奇故里景区为例，在分析红色旅游景区研学开发现状、进行研学项目的设计与实践、探索未来红色旅游景区研学项目的发展方向三个方面做出了有益的探索，为我国红色研学旅行的发展提供了新的思路。

每一个红色旅游景点都是一个常学常新的生动课堂，蕴含着丰富的政治智慧和道德营养。红色旅游景区是中华民族光荣奋斗的历史见证，红色研学旅行作为培育和践行社会主义核心价值观的重要载体，是研学旅行的重要组成部分。在新时代，如何将红色景区资源与研学旅行联合，充分发挥红色旅游景区的育人价值，具有较高的研究价值。

1 浅析红色旅游景区研学现状

1.1 研学旅行发展现状

国务院于2013年初发布了《国民旅游休闲纲要（2013—2020年）》，首次在国家性质的政策文件中使用“研学旅行”这一词汇，提出要“逐步推行中小学生研学旅行”。2014年，国务院发布的《关于促进旅游业改革发展的若干意见》，提出要积极发展研学旅行，以研学作为教育载体，全面培养学生的综合素质，实现对学生的传统文化教育和国情教育。2016年，教育部、国家发展改革委、国家旅游局等11部门联合发布了《关于推进中小学生研学旅行的意见》，该文件明确把研学旅行纳入学校教育教学计划。2017年12月，教育部办公厅发布了《教育部办公厅关于公布第一批全国中小学生研学实践教育基地、营地名单的通知》。在率先公布的204个全国中小学研学实践教育基地中，博物馆的数量超过总数的一半。2020年，教育部、国家文物局下发了《关于利用博物馆资源开展中小学教育教学的意见》，该文件对推动中小学生利用博物馆资源开展学习，促进博物馆与学校教学、综合实践有机结合起到了积极作用。

纵观国家出台的关于研学旅行的文件不难发现，研学旅行已经成为一种新的教学模式，受到国家、社会、学校以及家庭的关注。红色旅游景区是公益性文化建筑或场馆的主要集聚地之一，包含博物馆、纪念馆、烈士陵园、伟人故居、革命遗迹等，承担着传承革命传统、弘扬革命精神、提高公民思想道德素质、建设社会主义核心价值体系、增强国家文化软实力的重任[1]，其教育功能恰好与研学旅行的教育目标一致。将红色景区资源与中小学研学旅行进行耦合，创造一种独具特色的教学模式，可以有效提升育人实效，促进我国中小学教育事业发展。

1.2 湖南红色旅游景区研学项目开发现状

目前，在全国都倡导素质教育、积极推广研学旅行的大背景下，湖南红色旅游景区的研学项目也在不断的开发与完善。但是，诸多景区的研学项目都存在一定问题。第一，研学项目重游轻学，教育目标不明确。[2]课程流于表面形式、忽略学生主观意愿，并没有将“研学旅行”和“观光旅游”进行明显的区分。第二，中小型博物馆研学项目地域特色不明显，同质化严重，课程单一、内容乏味，不利于激发学生的学习兴趣。第三，课程资源不成体系，育人效果不明显。[2]有些学校虽然设计了主题明确的研学旅行活动课程，但主题与学校校本课程之间缺乏有效整合，研学课程与学科课程之间融合不够，导致研学旅行的育人效果不明显。[3]第四，研学项目“低幼化”严重，体验性和探索性不强，不能起到“研＋学”的作用等。虽然当前学术界对此已取得一定的研究成果，但是对知网检索的文献结果进行分析后得出，目前国内研学旅行的研究，对红色研学旅行的实证研究有限，更多的是从思政教育的视角展开。[4]基于此，本文力求从中观视角出发，以刘少奇故里景区为例，总结研学项目方面的实践与探索路径，旨在为我国红色研学旅行发展提供新的方向。

2 当前红色旅游景区研学项目的设计与实践

2.1 刘少奇故里景区研学项目的设计

湖南历史文化底蕴深厚，自然资源丰富，是中小学生开展革命传统教育、爱国主义教育的绝佳目的地。刘少奇故里景区地处湖南省宁乡市花明楼镇炭子冲村，是全国首批爱国主义教育示范基地、全国中小学生研学实践教育基地、全国关心下一代党史国史教育基地、全国人文社科普及基地、国家AAAAA级旅游景区，拥有爱国主义教育、革命传统教育、国情国防教育、学科实践教育、自然知识教育等丰富的研学资源。

整个景区占地面积 1 300 亩（约 86.7 万平方米），规划合理、景点集中，形成了以刘少奇故里门楼、刘少奇铜像广场、刘少奇同志纪念馆、刘少奇同志故居为主的红色旅游区和以花明园为主的绿色生态休闲区，实现了红色与绿色、革命纪念地与旅游观光区的有机融合，已成为集纪念缅怀、度假旅游、史料研究、影视文化体验于一身的全国著名红色旅游目的地。除了丰富的红色资源、优美的自然风光，刘少奇故里景区还拥有一支专业的社会教育师资队伍，其中包括研究员 18 名、讲解员 27 名。他们都接受过研学课程专业培训，有着丰富的研学带队经验。

近年来，刘少奇故里景区将研学旅行作为中小学生教育的重要载体，借鉴源于 20 世纪 60 年代的扎根理论，进行了教育项目的自主研发。

扎根理论是广泛运用于社会科学的定性研究法。它将数据信息运用概念化，并利用各个程序进行系统收集，对照信息开展访谈、考察信息确认差异，以此推进理论的形成与发展，并将信息进行归纳形成结论。[5]

在此基础上，刘少奇故里管理局形成了自主研发研学教育课程的系统流程（图 1），具体分为信息收集—要素组织—开发设计—动态优化四个阶段。

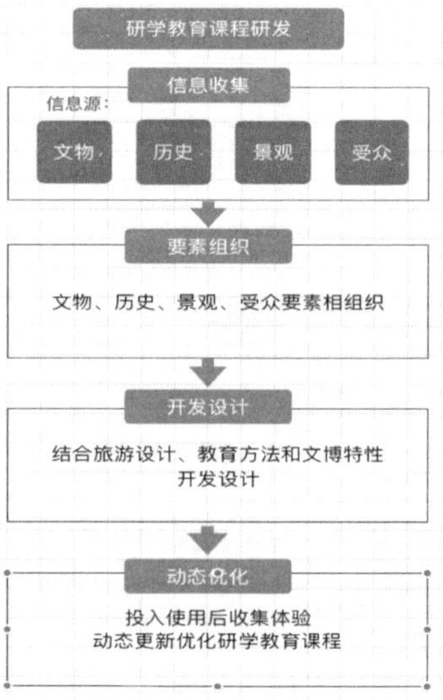

图 1　自主开发研学教育课程的系统流程

第一阶段是信息收集阶段，红色旅游景区通过多方法、多途径的调研，整理有关馆藏文物、历史文献、景区内部与周边旧址景观、学生身心特点与对应学段课标的信息。第二阶段是要素组织阶段，红色旅游景区把所收集的文物、历史景观、受众要素进行合理的搭配组织。第三阶段是开发设计，结合旅游规划、教育方法和文博专业特性来进行开发设计。第四阶段是动态优化，红色旅游景区在投入使用后，通过问卷调查等形式收集学生的体验反馈，进行教育课程的进一步优化。

通过以上流程，刘少奇故里景区形成了可个性定制的“游伟人故里 树远大志向”研学精品项目。目前，此项目包含自主研发的十堂课程，并从“红色”与“特色”两个角度出发，将这些课程分为两大系列：一是传统的“红色育人”系列（表1），指的是刘少奇同志纪念馆依托其独有的红色文化教育资源。结合学生身心发展特点、年龄层次及实际需求所研发的精品体验系列，主要以参观体验为主；二是从学生德智体美劳全面发展的素质教育目标出发，精炼出“特色育人”系列（表2），力求让学生在服务中传承精神、在游戏中寓教于乐、在国学中强身健体、在艺术中明志致远、在劳动中淬炼成长，主要以实践体验为主。

表1 “红色育人”研学教育项目

项目名称	体验内容	教育目的
缅怀伟人献花礼	肃立静默、行鞠躬礼、敬献花篮，集体朗读成长宣言	缅怀伟人、致敬伟人
主席生平深解析	参观展厅、倾听讲解、提问互动、参与朗诵	了解少奇同志生平，学习少奇思想精神
主席故事永流传	聆听少奇青少年时期的故事宣讲（题材：求学、立志、助人）	激励学生刻苦学习、奋发向上、立志成才
旭日东升红歌汇	学唱红歌	在音乐教育中传播红色文化

续表

项目名称	体验内容	教育目的
重走伟人求学路	参观刘少奇青少年时代展览，国学重温——《论语解析》，五彩缤纷智慧筒，强身健体千字文	红色教育与传统国学教育结合

表 2 “特色育人”研学教育项目

项目名称	体验内容	教育目的
我是文化传承人	“小小讲解员”培训与实践	走近伟人，锻炼表达与自信（德育）
智勇双全花明园	趣味拼图、一站到底、智趣寻宝等益智文娱游戏	寓教于乐（智育）
强身健体千字文	千字文武术操	强身健体、学习国粹（体育）
五彩缤纷智慧筒	上色制作笔筒	鼓励创意、激励立志（美育）
农耕文化我传承	认识传统农具，体验耕作	热爱劳动、爱惜粮食（劳育）

此外，刘少奇故里景区还结合小学、初中、高中不同学段的课程特点和研学目标，对各主题课程均设计了不同学段的执行课件。来馆参观的观众可以根据自己的需要，自行选择与搭配教育项目，形成定制化、个性化的“半日游”“一日游”或“两日游”。

2.2 刘少奇故里景区研学项目的实践

目前，现有红色旅游景区的研学实践项目，大多是学校教学内容和景区红色资源的简单叠加，并没有真正发挥红色旅游景区的教育功能。于是，刘少奇故里景区研学项目组开发了“馆内参观—体验探究—实际操作”的研学实践活动三步教学法。

现以刘少奇故里景区开发的“重走伟人求学路”研学课程为例，展现研学活动的实践过程。炭子冲学校旧址（朱家祠堂）是刘少奇同志上私塾的地方，现为湖南省重点文物保护单位。少年刘少奇在这里接受启蒙教育，学习儒家经典，打下了深厚的传统国学基础。为了让学生进一步了解少年刘少奇的成长经历，并对传统国学产生兴趣，刘少奇故里景区有效利用红色资源，在炭子冲学校旧址开发了“重走伟人求学路”课程。该课程包含 4 个环节，分别为：参观“立志求学”展览、重温国学经典、五彩缤纷智慧筒、强身健体千字文。每环节用时 30 分钟，课程总时长为 120 分钟。

活动开始，研学老师带学生们观察活动场地，并抛出问题引发学生思考：“你们知道这个地方与少奇爷爷有怎样的联系吗？”“旧时的私塾主要传授学生什么知识呢？”研学老师通过提问激发学生的好奇心，然后让学生带着问题和研学老师一同走进“立志求学”展览。

红色旅游景区的研学实践活动必须让人物和文物都“活”起来，因此要从学生熟悉的事物、熟悉的角度出发，以他们喜闻乐见的形式呈现。为了提高学生观众的接受度，在参观过程中，研学老师还会结合陈列展览讲述少年刘少奇“借光读书”“乐善好施”“改名言志”等红色故事，以此展现刘少奇青少年时期勤奋好学、乐于助人、心忧天下等优良品质，让学生们在一个个生动的故事中走近伟人、学习伟人。

课程的第二环节，研学老师将带领学生们感受中华优秀传统文化的魅力。《论语》《孟子》《大学》《中庸》等是刘少奇曾熟读过的国学经典著作。研学老师摘选其中对刘少奇影响深远的六句原文，结合刘少奇的故事对这些原文逐句解析，最后，带领学生一起重温经典、齐声诵读。该环节的上课地点就设在刘少奇曾经读私塾的教室。教室内陈列有旧私塾使用过的书桌、木板凳，书桌上还摆放着纸墨笔砚，生动还原了刘少奇读私塾时的场景。学生们在这种环境下跟着老师背诵国学经典，仿佛穿越历史走进了刘少奇时空，极大丰富了课程的体验感。

前两部分体验环节结束后，研学老师便带领学生开始实践环节。在“五彩缤纷智慧筒”的环节，老师为每位学生提供了一个竹笔筒、一支画笔、一盘颜料等研学材料。老师通过讲述刘少奇“改名言志”的故事，引导学生思考“将来想成为什么样的人”。学生们可以各抒己见，并通过在竹笔筒上作画来表达自己的对未来的希冀。而在“强身健体千字文”环节，研学老师以少年刘少奇习武练棒的故事为借鉴，将传统国学千字文与中国武术相结合，为学生提供内外兼修的良好活动体验。这堂课，不仅强健学生的体魄，还拉近了学生与国学之间的距离。所有课程结束后，研学项目组还将对参与的学生进行视频采访，随机收集学生的反馈信息，以便后续进一步优化该研学项目的体验感。

自“游伟人故里 树远大志向”研学项目实施以来，刘少奇故里景区平均每年开展研学活动 40 余次，参与人数近十万人。其中，“我是文化传承人”“走出炭子冲——双时空互动研学情景剧”等精品课程，被学习强国、《中国文化报》、搜狐网、《湖南日报》等多家媒体相继报道，影响广泛。

2.3 刘少奇故里景区研学项目的效果反馈

对于已开发的研学项目，刘少奇故里景区以随机抽样发放问卷的形式来评估研学课程的实施效果。统计数据显示，参与度较高的为“主席故事永流传”“主席生平深解析”这两堂。“主席故事永流传”是一堂研学故事会，包含《九满哭纸》《乐善好施的小少奇》《辛亥革命始末记》《刘九书柜》《改名言志》《一张珍贵的画像》《一只松鹤图竹笔筒的故事》等七个小故事。其中最受学生喜爱的故事为《乐善好施的小少奇》《九满哭纸》《一张珍贵的画像》，受欢迎度分别为 28%、24% 和 18%（图 2）。学生们表示故事生动有趣，宣讲员讲述风格活泼、亲切，从中学习到了伟人精神，感受到了红色文化，很有收获。

针对每次活动的实施效果，景区也制定了专门的问卷。现以 2022 年 1 月开展的“游伟人故里 树远大志向”研学一日游为例，考虑中小学生对手机及电脑的使用限制，问卷采用现场调查法进行。此次活动参与学生为 400 人，共发放调查问卷 280 份，回收 280 份，有效问卷为 280 份，有效回收率为 100%。

调查结果显示，在当天的研学活动中，趣味性和互动性较强的主题课程更受学生欢迎。最受学生欢迎的课程是“智勇双全花明园”，受欢迎度为 37%；“主席生平深解析”次之，受欢迎度为 31%；“主席故事永流传”受欢迎度为

18%；“五彩缤纷智慧筒”受欢迎度为14%（图3）。可见，学生对纯文化课程兴趣程度较低。

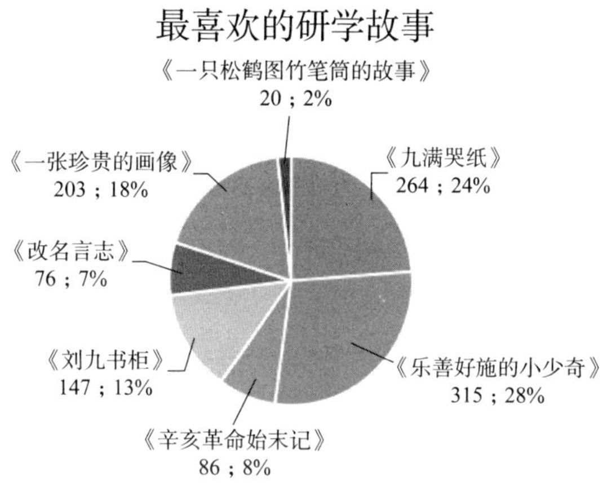

图2 “主席故事永流传”中小故事受欢迎度调查表

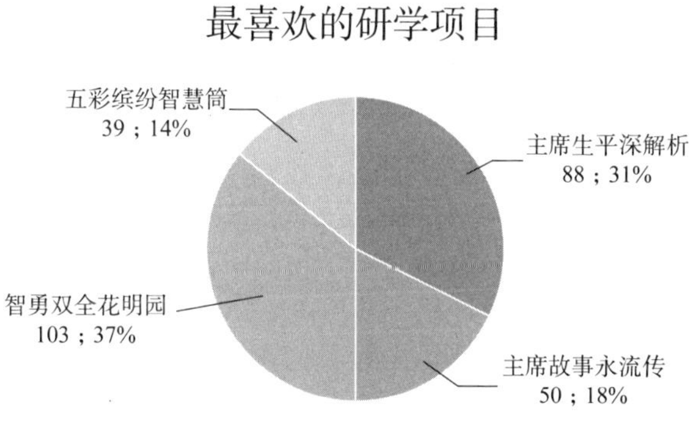

图3 部分研学项目受欢迎度调查表

学生对研学课程的满意度高达98%（图4）。当然，这些课程还存在些许瑕疵。针对现有课程中存在的不足，学生们主要提出了以下宝贵建议：①希望研学课程内容可以更加丰富，课程形式更加多样化；②时间安排应该更加合理，给学生更多时间消化学习内容；③课程应该更有趣味性。

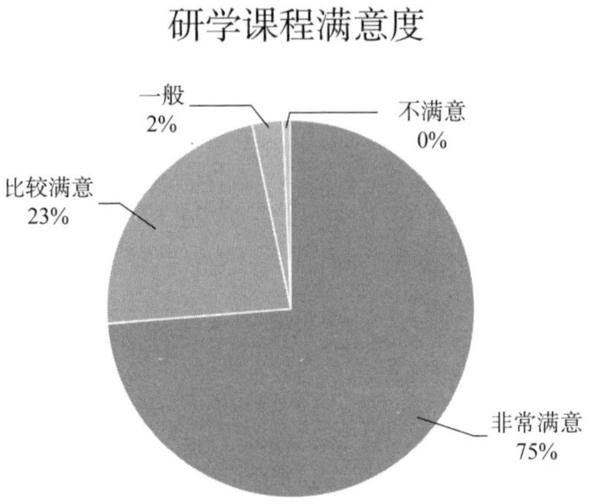

图 4　研学项目满意度调查表

总之，刘少奇故里景区的研学课程受到了老师和学生的一致好评，达到了预期效果。学生们都表示学有所获，学习到了伟人精神。老师也表示这种学习形式十分新颖，提升了学生的学习积极性和参与度，很有意义。

3　未来红色旅游景区研学项目的探索与思考

未来，刘少奇故里景区将继续在现有基础上，改善研学课程，同时，结合时代特性，积极创新，打造全国闻名的精品研学教育项目。

目前，刘少奇故里景区已经在漫长的实践中形成了成体系的研学项目，当下最需要的就是利用新兴的成熟信息技术，融入新型教育理念，深度研发常规性展览配套教育课程，或以文创的形式提供给广大受众便捷高效的动手课程。

3.1　利用新兴信息技术

进入 21 世纪后，信息技术在文物与博物馆界的运用越发广泛和成熟。如何利用数字化的手段吸引来馆参观的受众，最大化博物馆教育的辐射范围和效果？

一方面，引进在民用市场成熟的信息技术到博物馆教育中，通过精心的内容编排和教育设置，开发短平快的移动端小程序或其他现场设备以实现寓教于乐的目的。以湖南省为例，长沙简牍博物馆与超星集团联合开发了“猜灯谜”的电子互动设备，实现了展厅的互动教育功能。在建党百年的历史关头，多地都与信息技术公司展开合作，制作了党史学习教育答题的小程序和应用。许多全国性的活动，如全国少工委推出的“红领巾讲解员”活动就采取了线上线下相结合的形式，以线上认证—线下打卡学习—线上上传学习作品（讲解或手抄报）的形式来推进青少年的党史学习教育。刘少奇故里景区也可以借鉴相关的成功经验，制作一两个 5 分钟以内即可完成的党史学习教育与答题的互动装置（图 5）或移动端程序，还可以通过赠送纪念品或授予荣誉等方式来嘉奖优胜者，激励党史学习行为。

图 5　党史学习教育答题一体机

另一方面，通过有效的数据分析，形成教育课程与研学活动提升改进的有效闭环。许多未成年人来博物馆参观时并未携带手机，部分研学团队也存在稚龄化的现象。目前，在文博界乃至大多行业，如何得到真实高效可供反馈分析的信息数据实有难度。因此，只有采用成本较为低廉的获取信息技术手段（主要指用电子化的问卷搜集手段代替纸质化的问卷搜集），对不同项目与不同人群采取适宜的问题设置和抽样方法，才可获得有效的数据和意见反馈，从而有针对性地实现教育课程的标准化和教学成果的最大化。

3.2 融入新型教育理念

启发式教育和探究性教育虽自古有之，但在博物馆教育的运用中仍有待发展。虽然博物馆教育本身与学校教育相比，并不存在应试的功利性目的，但对于红色旅游景区而言，研学老师讲解的部分在研学课程中往往占比较大。如果想让孩子们在掌握知识和接受熏陶的基础上实现独立思考、主动思考，就需要将启发式教育和探究性教育这两种教育理念融入博物馆教育。

刘少奇故里景区作为全国爱国主义教育基地，不仅要告诉孩子们党史国史，更重要的是让孩子们在读懂伟人的高风亮节和突出贡献之后，主动成为红色基因的传承者和红色精神的传播者。因此，未来课程在设置上，应尽量减少研学老师讲授的比重，而增加孩子们参与和实操的比重。

值得强调的是，在馆校合作的大背景下，其合作形式应进一步深化。红色旅游景区的教育部门在课程的前期策划和中期打磨中，应充分考虑不同学龄段学生智识水平，更应注重与政治、历史等学科的贯通与呼应。这样，在景区的研学过程中，研学老师就可以选取学生熟悉的文物或史料，充分调动学生的学习兴趣，把控教育的实施效果。

3.3 制作文创材料套餐

目前，不少综合类博物馆已有材料包的概念。“材料包”可以理解为学具，也就是配合教育课程或者研学课程使用的材料套餐。中国科技馆、绍兴鲁迅纪念馆、故宫博物院等还将材料包作为文创产品进行售卖。材料包内有教育课程或研学课程所需的散装配件材料，学生通过课程中老师的讲授，进行步骤说明后，再由学生自己或者在团队、家长的辅助下动手完成作品。优质的材料包往往与景区特色的教育课程或研学课程高度捆绑在一起，可有效增强观众对景区的黏度。

以刘少奇故里景区的“五彩缤纷智慧筒”为例。这项经典的研学项目深受学生欢迎，既充分取材于青少年刘少奇为国为民而改名言志的文物（竹笔筒）、史实与精神，又提高了孩子们劳动与美学的核心素养。如果能以文创材料套餐的形式在文创商店售卖，可以辐射更多未能成功预约研学活动的青少年。

因此，强调用文创的概念来推出和售卖材料包，既丰富了教育项目的形式，打破了当时、当地需人工授课等诸多的限制，实现了红色旅游景区教育项目在课堂外、展厅外的延伸，也促进了教育项目成果的留存与纪念意义。从市场角度来看，越来越多的消费者愿意为文创买单，尤其创意与品质并举的文创产品，极受欢迎。文创产品也成了文化传播中极为重要的一环。

刘少奇故里景区拥有丰富的文化资源，为开发文创产品提供了广阔的空间。景区内的刘少奇同志故居是全国重点文物保护单位，见证了一代伟人刘少奇的出生、成长，也再现了湖南农村生产、生活的场景。但学生来这里参观时，往往都是走马观花地游览一遍，没有深刻领会每间房屋所代表的意义。如果根据故居的特色，通过 3D 建模等技术，开发制作出这座全国重点文物保护单位的拼装模型，并为每个房间创作一个相关联的红色故事，那么，学生在动手的过程中，会以一种探秘的形式去了解当时湖南乡民的生活习俗，寻找发生在这里的红色故事，在寓教于乐的过程中吸收到文物所蕴含的精神内核。

下一步，刘少奇故里景区将加强对研学资源的研究和挖掘，开发一系列研学教育产品，整合资源、提质创新，在广度和深度上双管齐下，与各方资源加强合作、突破藩篱，打造深受民众喜爱的“经典”又“时髦”的精品教育项目，实现好红色旅游景区的教育功能。

肖煊一，刘珊，陈诗敏，刘少奇同志纪念馆

参考文献

[1] 卢丽刚，时玉柱. 红色景区博物馆、纪念馆免费开放现状及对策［J］. 价格月刊，2008（11）：25-27.

[2] 李先跃，张丽萍. 基于湖湘特色的研学旅行课程开发［J］. 黑龙江教育（理论与实践），2022（3）：81-83.

[3] 曲小毅. 研学旅行课程化的路径探讨［J］. 教学与管理，2020（6）：44-46.

[4] 向春燕，周春燕. 基于红色旅游资源的研学旅行产品开发：以重庆红岩景区为例［J］. 重庆文理学院学报（社会科学版），2021，40（1）：68-79.

[5] NORMAN K D，YVONNA S L. Grounded theory：objectivist and constructivist methods［M］. Thousand Oaks，CA：Sage Publications Ltd，2000.

基于 STEAM 教育理论中 Arts（艺术）角色视域下的红色教育实践研究

以雨花台烈士纪念馆为例

戴梦青

21 世纪以来，国际社会对于将艺术（Arts）纳入 STEM 教育理论中的呼声愈加强烈。然而，这一过程面临着艺术角色如何融入的巨大挑战，当 STEM 教育走向 STEAM 教育时，对于艺术角色的分析和应用也愈发增多。国际社会普遍认为博物馆教育能够在 STEM 教育向 STEAM 教育过渡时充分发挥艺术角色的效用，具有明显的教育优势，而红色教育作为博物馆教育的一种特定形态有其自身的文化内涵。因此，本文以雨花台烈士纪念馆为例，从艺术角色的具体内容、核心理念及价值导向出发，探究如何在 STEAM 教育中利用艺术角色助力博物馆红色教育实践。从具体案例中的课程内容、结构、目标、互动和创新 5 个方面研究红色教育的艺术化表达，化解艺术角色在 STEAM 教育理论中的效用疑问，提升和发展博物馆红色教育实践研究。

1 引言

STEAM 教育是美国率先倡议发起的科学（Science）、技术（Technology）、工程（Engineer）、艺术（Arts）、数学（Mathematics）等多学科融合的综合性教育理念和教育模式。[1] 在 STEAM 教育中，科学支持人们认识世界的规律，技术与工程支持人们根据社会需求改造世界，艺术帮助人们以美好的形式丰富世界，数学则为人们发展与应用科学、技术、工程和艺术提供思维方法和分析工具，只有在理解了艺术和数学之后才能从事工程的研究与开发。[2] 该教育理念的形成并非一蹴而就，自最早提出 STEM 教育到艺术角色的加入，经历 20 年之久。2014 年，纽约博物馆协会（MANY）举办了年度博物馆行动会议，会议主题为从 STEM 至 STEAM，支持博物馆将艺术元素纳入 STEM 教育，并最终体现在博物馆的实践中。[3] 大卫・安德森（David Anderson）也曾指出博物馆教育在从 STEM 教育向 STEAM 教育过渡的过程中能够充分发挥“A”（即艺术）的作用，具有明显教育优势。[4] 至此，我们可以这样理解，博物馆教育对于 STEAM 教育理论的完整实现提供了一条现实路径，因为博物馆原有的收藏和研究基础作为一种丰沛的艺术资源，是可以被不断应用于教育行为中去的。

翻开中国的博物馆历史，我们发现，近代早期很多学者的思考及博物馆的实践都有社会教育先行、培育民众公共意识、构建民族国家的倾向。创建中国第一个公共博物馆——南通博物苑的张謇就曾坦言：“盖有图书馆、博物馆以为学校之后盾，使承学之彦，有所参考，有所实验，得以综合古今，搜讨而研论之耳。”[5] 中国的博物馆从出现伊始就需要去体现其科学价值和教育价值，近代博物馆教育的主要职能就是开启民智，普及大众教育。在中华人民共和国成立之后 30 年的时间里，我们的博物馆教育依旧依托于民族情怀的框架而展开。当博物馆教育实践需要服务于民众公共意识的培育之时，一种新型的博物馆就此诞生——革命纪念馆。不同于历史、自然博物馆，革命纪念馆自诞生之初就是使命型博物馆，其肩负着与中国革命历史相关的、有特定文化价值、包含国家意识形态和政治诉求的大众意识的培育责任，这种博物馆教育又被大众称为“红色教育”，即革命纪念馆向公众输出以“红色”为底色的中国革命历史文化。

那么，我们不禁发出这样的疑问：艺术角色在 STEAM 教育理念中，具体扮演着一个什么样的角色？它如何借助博物馆教育完成整体框架的对接与契合？它应用于博物馆红色教育，呈现出什么样态来，它又该如何成为“红色教育”的内生动力？本文从 STEAM 教育理论艺术角色的内容、理念和价值出发，以南京市雨花台烈士纪念馆为例，试图探究艺术角色在红色教育实践层面的实现路径。

2　艺术如何安放：从 STEM 教育到 STEAM 教育

2.1　发展历程

1986 年美国国家科学委员会（NSB）为提升国家综合实力的教育革新，在《本科的科学、数学和工程教育》报告中首次提出 STEM 教育，以纲领性建议引发国际科学教育领域的共同关注和持续跟进。[6] 科学技术使人类社会的发展取得了长足的进步，也滋生了人们对科技的盲目崇拜，这直接导致人文文化式微，造成科学技术与人文文化的对垒与冲突。在某种意义上，在科学与人文领域的分别探究终究只是人与世界联系的单个维度，未曾达到对这种关系的整体把握，也失去了对世界观察的方位感和立体感，因此需要时时从对方身上汲取“养料”，以补充自己的不足。[7] STEM 教育因过于偏重科学技术的学习让许多人都失去创造力和抽象思维能力，这使得相关研究者逐渐产生怀疑：难道科技的精准与否与创造的联想无法融合？[8]

2006 年，来自美国弗吉尼亚理工大学的格雷特·亚克门（Georgette Yakman）在 STEM 教育的基础之上提出 STEAM 教育，即将艺术融入教育，强化学生的艺术熏陶和人文底蕴。2011 年英国国家科学技术与艺术基金会、韩国教育部分别发布相关报告，倡导在发展学生综合运用能力上，融入人文艺术知识。[6] 罗得岛设计院院长米德（Maede）则指出："艺术创作过程中特有的创造力、解决问题、灵活思维和勇于承担责任是STEAM教育的钥匙，唯有STEM与Arts融合才能整体提升全面素质与竞争力。"[9]

2017年，我国教育部教育管理信息中心等机构联合发布《中国STEAM教育发展报告》，就STEAM教育的本土化进程进行了深入阐述。发展和进步不是靠知识和技术累积的，而是来自技术和创造力的有效融合，STEAM教育则将有效推动创造力重新融入教育系统。贝科（Berk）强调，未来的STEAM教育不是知识集结，而是习惯养成与创造技能，使学生能够解决跨学科界限的、复杂的系统问题。[10]至此，STEAM教育在世界各地广泛铺开，艺术在STEAM教育中的价值似乎也逐渐得到普及和认可。[11]

2.2 面临挑战

从STEM教育走向STEAM教育后，看似科学和艺术实现了理性与感性的对话，就如同"一枚硬币的两面，共同的基础是人力的创造力，追求的目标是真理的普遍性"[12]。但自1986年STEM教育兴起后，艺术教育在整个教育系统中的地位被边缘化，在学校课程设置中受到限制乃至淘汰。[13]如何在丢失了艺术的教育形态中让艺术角色找到一个合适的位置，对接艺术与STEM教育之间的相似之处是其遇到的第一个挑战。

与此同时，在现有的研究之中，很多学者认为，在实际的STEAM教育中，教育工作者对"A"元素的教育特点及价值认识远远不够，科艺融合混乱低效，没有形成系统、可行的策略，缺少艺术关注。这其实涉及的是教育工作者对于教育理念思维的转换问题，艺术与STEM教育的融合如何避免出现泛化、杂糅的现象？

3 艺术如何可能：内容、理念与价值

正如引言所述，博物馆教育在从STEM教育向STEAM教育过渡的过程中

能够充分发挥艺术的作用。宋伯胤在《博物馆：学校以外的教育机构——蔡元培的博物馆观》[14]一文中总结了蔡元培先生的博物馆思想：博物馆在教育和美育方面具有重大作用，是学校之外的教育机构。这就为艺术角色寻回教育定位提供了一个绝佳的场所。

众所周知，博物馆教育是在博物馆环境中基于博物馆实物的教学活动："在博物馆条件下，博物馆教育是梳理综合从博物馆获取的知识，通过知识整合、激发感知、获取新体验，帮助观众个人发展和获得成就。"[15]博物馆教育以艺术方式来呈现，就像某种特定的文化吸收，博物馆因艺术化的教育而得以延伸，就需要我们把握艺术角色在教育理念上的本真形式与核心实质，真正让二者之间富有成果的一面相互作用与渗透。[16]红色教育是博物馆教育的一个分支，我们要想体现其艺术内涵，就要从艺术角色的内容、理念和价值来加以把握和衡量，真正让艺术成为红色教育的内生动力。

3.1 艺术角色的具体内容

以往的研究表明 STEM 教育和艺术教育往往是相互对立的，现有的研究认为，艺术角色融入之后，在 STEAM 教育框架下艺术角色主要分为人文艺术、精致艺术、肢体艺术和语言艺术。

人文艺术注重学生将不同背景的观点、信息进行整合的能力，发展学生有效地推理和反思判断能力，例如批判性思维和独立思考，增强主观幸福感；[17]精致艺术在培养学生注意力、表达技巧、持久力、想象力、创造力等方面具有显著作用[18]，同时，能够减少犯罪行为并提高个体自尊，改善青少年对社会以及个体未来的态度；肢体艺术和手工艺术主要是培养人们对材料、工具、表达形式的掌控能力，强化合作协同能力和相向创造力，促进审美发展，实现真实体验、表达自我的内心需要；语言艺术则是指人们通过口头的和视觉的符号来产生和接受意义的所有艺术和技能，包括书面和口头信息的编码与译码。[19]

3.2 艺术角色的核心理念

从艺术的内容出发，我们可以发现它强调以一种艺术的眼光理解和解释世界，艺术角色此刻所包含的核心理念可以在宏观视野上让人们充分理解其存在的必要性，即提供了一种艺术性视角，提供了诠释过去到现在的路径，与科技可以充分融合，具有鲜明的人文主义色彩。

艺术性视角有助于打破学科之间的严格界限，体现了与科学、社会环境的相互关照，让 STEAM 教育拥有了跨学科的综合性。艺术提供了两种诠释路径，即用艺术作品诠释现在理念，如通过艺术作品向人们传递和谐友爱的观念；以及使用艺术思维解释现代现象。艺术与科学技术的有效结合点就在于设计思维，艺术崇尚创造力，而科学崇尚实用性，设计思维是不断反思与改进的迭代过程，伴随合作、冒险、共情等来弥合主观想法与客观推理之间的差距。[20] 信息时代的到来，为基于艺术视角设计的可视化工具提供了一种互动和意义的视角，成为与科学沟通的桥梁；艺术的人文性色彩使得艺术成为人类精神的归宿，使人类获得了洞察社会丰富性、体会文化多元性、关照人类现世性的能力。它提供了一种美感素养的培养，可以识别思维、情感意图和有意定向，有助于将陌生环境转变为与个人共鸣的连续环境系统，提升学习者的自适应能力。

3.3 艺术角色的价值导向

STEM 教育是面向结果的，艺术则是面向过程的，艺术提供了个体生存发展所必需的能力和工具，如模式识别、理解创造等[21]，可以教导个体进行批判性、创造性和合作性的思考[22]。从 STEM 教育到 STEAM 教育已经成了新时期科学教育创新发展的主流，需要我们去重新审视艺术的价值。

艺术有助于创造力的提升，即在被提供的信息中进行归纳后发散思维，进而拓展高阶问题解决思维；有助于理解力的发展，帮助人类在认知、情感和理解层面的提高，通过学习来体验、理解不同价值观以及这些价值观如何影响作品的创作。[23] 艺术学习甚至可以扩张数学概念，有助于审辩力的提高。近年来，教育界愈发强调逻辑清晰且严密的思考，注重反思及基于证据的分析论证。相关研究表明增加课程中的艺术教育对于提高审辩力是有效的[24]，它可以增强教育兴趣，从而带动个人学习力的提高，提高学生的注意力及对任务的认知。

4 艺术如何呈现：红色教育实践的艺术性表达

博物馆在文化演变中负担着文化遗产保存与阐释的责任，是不同历史时期的社会的自我表达。[25]现有博物馆红色教育正是基于这一概念开展的，现有的红色教育多以主题性展览形式呈现，却因题材原因受到诸多限制。故而，诸多的博物馆教育研究指出，博物馆为公众提供的红色教育，应该考虑自身的现有内容，让尘封的历史走进现实，让人们体验和感受博物馆链接历史与现实的魅力，了解民族文化，发展自我意识，建立文化自信。[26]

如前所述，博物馆教育为艺术角色在STEAM教育中找到一个合适的位置，也为艺术角色效用的发挥提供了一个场所。本文以南京市雨花台烈士纪念馆开展的红色教育实践——“信仰课堂——雨花台英烈的艺术人生”为例，通过艺术思维，构建并创新差异化的、互动性的、有吸引力的课程模式。

4.1 课程内容：从历史到现实

雨花台烈士纪念馆以新民主主义革命时期被杀害的共产党人和爱国志士的事迹为陈列主题，上板展陈179位烈士、879件革命文物。如何将这些近百年前的人物和文物转化为一种教育资源，将原本历史知识固定、场所固定、多含教化意味的灌输模式艺术化地转化为多学科交叉的、课程环境灵活变化的、讲授与参与者双向互动的、导入现实关联性的活动服务模式。雨花台烈士纪念馆以教育部印发的《中小学德育工作指南》为指导，以培育和践行社会主义核心价值观为目标导向，以9~13岁青少年为主体，以“知初心、学文化”为主旨，让学习者在听、说、读、做、互动中感受异时异域的文化，在体验中增强文化认同，增进对历史文化、红色文化的理解和尊重。

基于对雨花台烈士纪念馆史料资源的梳理，我们完成了一个以艺术为主题的红色教育项目可实施方案的思维导图，如图 1 所示。

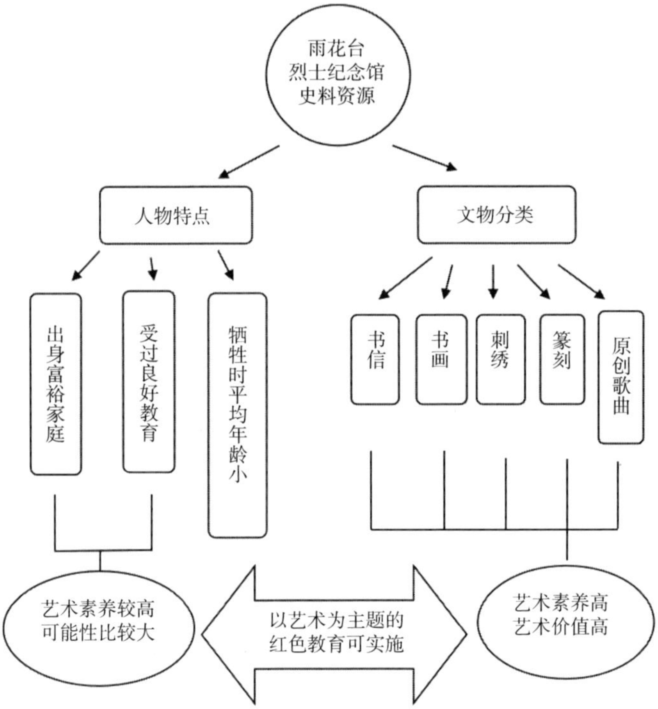

图 1　红色教育项目可实施方案思维导图

通过讲述雨花英烈将艺术素养学以致用的革命史实，展现雨花英烈在成长道路上的艺术修养、高贵品行和红色初心。以不同文化艺术形式进行演绎展示，在提升参与者艺术审美修养及传统文化素养的基础上，使其认识更加丰满鲜活的雨花英烈形象，在激发参与者兴趣与热情的同时，将雨花英烈精神融入大家日常学习中，培养爱国情怀。

4.2　课程结构：从二维到三维

布鲁迪（Brudy）积极倡导将艺术教育融入普通学术教育，让学生能够感知艺术作品以及与之相关的环境、自然等，而不是采用传统的艺术表演或艺术欣赏的方式。[27]“信仰课堂——雨花英烈的艺术人生”主要针对 9~13 岁青少年的认知特点和心理特征，将纪念馆展陈和校方课程资源融通，在形式上构筑了“视频教学、课堂教学、实践互动”的三维立体课程体系，如图 2 所示。

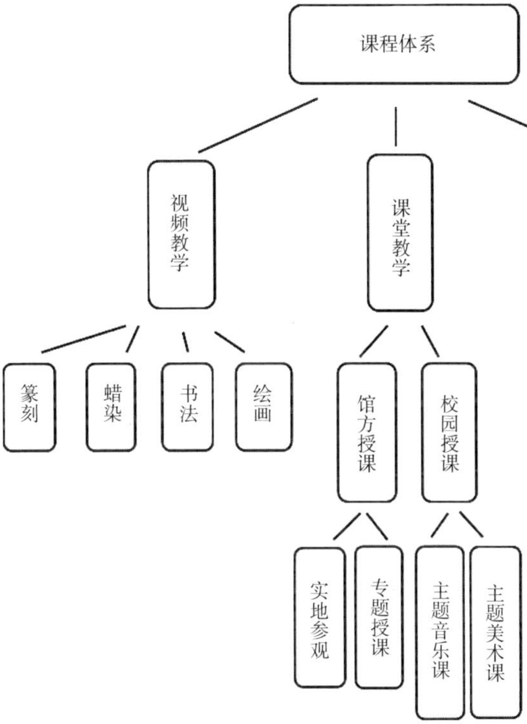

图 2　二维立体课程体系

线下，一方面由纪念馆德育助教老师通过进校园专题授课，带学生实地参观两种形式加深同学们对纪念馆的认识；另一方面，纪念馆与学校老师合作，共同打造雨花英烈主题音乐课、美术课，将红色元素与学校课程有机结合，建立“强互动”实践式红色课堂。线上，纪念馆将篆刻、蜡染、书法、绘画等中国传统文化元素融入“雨花英烈的艺术人生”视频课程，供学生们远程学习，并提供材料包让同学们自己动手制作，增加课程的趣味性和互动性；在每学期期末，通过红色主题班会、评比表彰活动等形式，对一学期的课程进行总结，给同学们提供展示的平台，让同学和老师们都能有所收获。

4.3 课程目标：从单一到多元

跨学科性是 STEAM 教育课程最为重要的特征，强调五个不同领域知识和技能的融合，其中以工程为代表的“实践”和以科学为代表的“探究”具有同样的重要性。[28]博物馆教育自面向大众以来，因其特有的文化内涵自带艺术属性，多场馆之间的交流也促使博物馆教育尤其是博物馆的红色教育进入了一个闭环——即基于某种特定语境下、固定模式、难度较低的体验。为此，雨花台烈士纪念馆在设置课程目标（表 1）时，打破了以往单一化的形态，以交叉学科的搭配形式，走向多元化。

表 1 课程目标

知识目标	了解中国近现代史发展的基本脉络、概况和重大史实； 基本了解雨花英烈生平事迹、知晓雨花英烈精神内涵和雨花台烈士纪念馆的概况； 对书法、绘画、蜡染、篆刻等艺术形式有初步认知
能力目标	提升青少年对革命历史、雨花英烈事迹的认知水平； 充分了解纪念馆的概况和发展脉络，知晓作为红色文化的传承人，面对馆里展出的烈士事迹和文物，该看什么、学什么； 通过观看《雨花英烈艺术人生》线上短视频课程和线下红色主题课程，提升学生的认知水平、创新思维能力、语言组织能力和实践水平，增强课程的参与性、互动性和学生的积极性
情感目标	以雨花英烈在成长过程中所展现出的艺术修养和传统文化元素为切入点，让青少年充分了解雨花英烈在与他们年龄相仿时在学什么、做什么？从而寻找到共鸣点，提升他们学习兴趣的同时，增强情感认同和文化自信； 通过参与线上课程拍摄和线下具体实操，展现雨花英烈的艺术修养和当代青少年的艺术才华，充分发挥青少年的主观能动性和创造力，创新红色故事宣讲方式，告诉他们作为新时代少年要铭记历史，不忘初心，砥砺前行； 通过“理论和实践”“线上和线下”相结合的红色研学课程和活动，培养青少年对党的政治认同、情感认同和价值认同，使其逐步成为红色文化和中国传统文化的宣传员、传承者和践行者

4.4 课程互动：从单向到双向

在传统的教育课程中，学生学习是课堂的主体行为，而教师作为教育的主体实施人，以单向式的输出为主。在前文的讨论中，我们提及了艺术角色融入

STEAM 教育的一大挑战即教育者角色的自我认知与提升。故而雨花台烈士纪念馆在设计课程互动时，充分考虑“授者”的艺术储备与校园课堂的对接能力；而“受者”则在参与课堂前知晓相关的基础信息，让“授受”双方完成双向互动，以学习目标为导向，达成共同目标。

教育人员依托雨花台烈士陵园红色资源，特别是“雨花英烈生平事迹展”展陈内容，查阅、搜集相关史料，梳理中国近现代史发展脉络，挖掘雨花英烈将艺术素养学以致用的革命史实，开发出与雨花台红色文化和中国传统文化相关联的新知识点以及青少年感兴趣的教学内容；结合青少年认知水平和中小学德育要求、学科要求，制定详尽的活动方案、社教课程教案、“信仰的力量——雨花英烈生平事迹展”学习单、线上视频课程拍摄台本、任务单、“戏剧工坊”脚本等；准备教学用具、材料及活动场地等。参与者则需要初步了解中国近现代史基本脉络、重大史实、雨花台烈士陵园和纪念馆概况；知晓中国传统文化中书法、绘画、蜡染、篆刻等艺术形式基本知识点；熟悉雨花英烈原创歌曲歌谱、“戏剧工坊”脚本。至此，可以最大限度地保证该课程项目的顺利开展，完成课程互动从单向到双向的目标。

4.5　课程创新：从观念到信念

STEAM 教育最独特的优势就在于基于项目的情境式学习，通过项目设置与情境的创设，培养学生跨学科解决真实情景中问题的能力。雨花台烈士纪念馆通过打造“信仰课堂——雨花英烈的艺术人生”课程项目，打通了课程育人、实践育人、协同育人等德育路径，艺术化地激发了某种观念向民族信念转变。

该课程体系在统一的主题下，有机地整合了语文、历史、美术、音乐、书法等学科内容，配合蜡染、篆刻等优秀传统文化元素的运用，将纪念馆展陈资源和校方课程资源融通，充分体现德、智、体、美、劳“五育并举”的理念；整合了理想信念教育、社会主义核心价值观教育、中华优秀传统文化教育等德育内容。不同的德育内容围绕着统一主题实现了有序统整，增强了课程内容的丰富性和趣味性，构筑了视频教学、教师授课、动手实操的三维立体课程体系。

视频教学即馆方精细打磨出了由纪念馆专业老师、艺术导师、“红领巾志愿者”等共同参与的线上视频课程。视频内容均为馆方深耕展陈素材，从而制作了具有代入感和指导性的短视频微课，以供学校教师使用。教师授课即馆方针对青少年精心打造红色主题课程，面对面向学生讲授英烈故事。动手实操即馆方依托馆藏文物，深挖优秀中华传统文化，开发出了参与性强的教育教学环节；通过耳动听讲解、眼动观文物、嘴动谈感想、手动习技艺达到心动传承的效果。该课程体系告别单一的说教，充分调动起学生的感官系统，让学生全面感悟体会雨花英烈的艺术人生；将纪念馆展陈内容和中小学德育、学科教育相结合，打造独具特色的红色课堂。雨花台烈士纪念馆创新教育内容、形式和诠释角度，利用红色场馆资源，将红色文化艺术化地融入学科教育，架构起纪念馆和学校课堂之间的桥梁。

5 结论

我们在充分把握 STEAM 教育的内核之后，可以发现，该教育理念强调的是知识的跨界整合、场景的多元化、提出和定义问题能力、用批判的思维分析问题、用创新的方式构建解决方案。因此，用 STEAM 教育理念设计课程就需要具备综合化、实践化和活动化的特征，适应社会关于学习回归生活、社会和自然的需求转变。

本文讨论的重点在于：在 STEAM 教育中，艺术的支撑框架在于如何对接、契合其他学科。通过对艺术角色的内容、理念、价值的分析，我们发现，博物馆教育因其知识的自我应用、观众构成多元、教育资源可以用特有的手段来呈现的特点而成为艺术对接其他学科的重要教育形式。红色教育作为一种特定的博物馆教育，需要我们从其特有的属性中挖掘出不同的艺术形式，以此发展人们和红色文化互动和理解的能力，丰富人们对中国革命历史世界的认识。

雨花台烈士纪念馆“信仰课堂——雨花英烈的艺术人生”以一种交叉学科的方式艺术化呈现英烈的艺术过往，是 STEAM 教育理论中艺术角色效用的典型案例。该课程项目从完全艺术化的视角解读特定的红色文化，实现红色教育理念的完整实践，把握住艺术角色和红色教育的核心本质，让艺术视角成为红色教育理念实践的内生动力。该课程为博物馆红色教育面向青少年、实现馆校合作提供了有效借鉴。艺术视角为红色教育实践提供了一条实现路线。但是，STEAM 教育中其他视角能否实现红色教育实践，抑或沿着艺术视角去思考，红色教育作为博物馆面向全民性的教育使命，如何去考虑不同层次的人们的艺术底蕴和学科背景，让红色教育实践走进寻常百姓家，或许将成为未来很长一段时间内需要我们去关注的方向。

戴梦青，江苏省南京市雨花台烈士纪念馆

参考文献

[1] 袁利平，张欣鑫. 论 STEAM 教育与核心素养的对接［J］. 陕西师范大学学报（哲学社会科学版），2017，46（5）：164-169.

[2] 赵慧臣，陆晓婷. 开展 STEAM 教育，提高学生创新能力：访美国 STEAM 教育知名学者格雷特·亚克门教授［J］. 开放教育研究，2016，22（5）：4-10.

[3] 张美霞. 新媒体技术支持下的场馆建设与场馆学习：以现代教育技术博物馆为例［J］. 中国电化教育，2017（2）：20-24.

[4] 大卫·安德森，季娇. 从 STEM 教育到 STEAM 教育：大卫·安德森与季娇关于博物馆教育的对话［J］. 华东师范大学学报（教育科学版），2017，35（4）：122-129，139.

[5] 张謇. 上学部请设博览馆议［M］// 张謇全集：第 4 卷. 南京：江苏古籍出版社，1994：272.

[6] 李刚，吕立杰. 从 STEM 教育走向 STEAM 教育：艺术 (Arts) 的角色分析［J］. 中国电化教育，2018（9）：31-39，47.

[7] 肖锋. 科学精神与人文精神［M］. 北京：中国人民大学出版社，1994.

[8] 赵兴龙，许林.STEM 教育的五大争议及回应［J］. 中国电化教育，2016(10)：62-65.

[9] 陈怡倩. 跨科统整的 STEAM 教育探究［J］. 教育参考，2017（3）：5-11.

[10] SARABETH B. Designing for the future of education requires design education［J］. Art Ed-

ucation，2016，69（6）：16-20.
［11］师保国，高云峰，马玉赫. STEAM 教育对学生创新素养的影响及其实施策略［J］. 中国电化教育，2017（4）：75-79.
［12］李政道. 科学与艺术［M］. 上海：上海科学技术出版社，2000.
［13］常咏梅，张雅雅，金仙芝. 基于量化视角的 STEM 教育现状研究［J］. 中国电化教育，2017（6）：114-119.
［14］宋伯胤. 博物馆：学校以外的教育机构——蔡元培的博物馆观［J］. 东南文化，2010（6）：6-8.
［15］2010 年笔者据英文版《博物馆学关键概念》，内容自行翻译。
［16］恩斯特・卡西尔. 人文科学的逻辑［M］. 沉晖，海平，叶舟，译. 北京：中国人民大学出版社，1991.
［17］KING P M，BROWN M K，LINDSAY N K，et al. Liberal arts student learning outcomes: an integrated approach［J］. About Campus，2007，12（4）：2-9.
［18］RESPRESS T，LUTFI G.Whole brain learning：the fine arts with students at risk［J］. Reclaiming Children &Youth，2006（15）：24-31.
［19］岑国桢. 国际教育百科全书：第 5 卷［M］. 贵阳: 贵州教育出版社，1990.
［20］DELANE V. Practically creative：the role of design thinking as an improved paradigm for 21st century art education［J］. Techne Series：Research in Sloyd Education and Craft Science A，2014，21（2）：21-23.
［21］SOUSA D A. How the arts develop the young brain［J］. School Administrator，2006，63（11）：6-8.
［22］MILKOVA L，CROSSMAN C，WILES S，et al. Engagement and skill development in biology students through analysis of art［J］. CBE life sciences education，2013，12（4）：687-700.
［23］SOUSA D A，PILECKI T. Using brain-compatible strategies to integrate the arts［M］. Thousand Oaks：Corwin Press，2013：129-130.
［24］MOSTAFA J，MARYAM D. Effect of art education in developing critical thinking of the students［J］. International Journal of Humanities and Cultural Studies，2016（5）：885-893.
［25］尹凯. 博物馆教育的反思：诞生、发展、演变及前景［J］. 中国博物馆，2015，32（2）：1-11.
［26］单霁翔. 博物馆的社会责任与社会教育［J］. 东南文化，2010（6）：9-16.

[27] BROUDY H S. Enlightened cherishing : an essay on aesthetic education [M] . Chicago: University of Illinois Press, 1972 : 120-125.

[28] 张伟达，张伟成，王海艳，等. STEAM 教育对我国科学教育改革的启示 [J] . 东南大学学报 (哲学社会科学版)，2017，19 (S2)：136-138.

“博物馆元素”与新课标课程的有效衔接

以辛亥革命博物院“少年中国说”研学课程为例

鲁　珊

2022年4月，教育部发布义务教育课程方案和课程标准修订版，各科课程标准均再次强调将社会主义先进文化、革命文化、中华优秀传统文化、国家安全、生命安全与健康等重大主题教育有机融入课程，要求变革育人方式、突出实践，发挥实践育人魅力。本文结合义务教育阶段语文、艺术、道德与法治、历史课程核心素养、学段目标，梳理辛亥革命博物院资源，以“少年中国说”研学课程为例，从馆校资源衔接、课程内容选取、课程实施等方面进行阐述，希望为中小学校借助“博物馆元素”发挥实践育人功能提供借鉴，促进中小学生博物馆研学活动常态化、规范化、专业化开展，提升青少年核心素养。

2022年4月，教育部召开新闻发布会介绍义务教育课程方案和课程标准修订情况。新修订的义务教育课程以习近平新时代中国特色社会主义思想为指导，依据“有理想、有本领、有担当”时代新人的培养要求，明确了义务教育阶段培养目标。除了课程方案，此次修改在课程内容结构、教学质量标准、课程反馈评价等方面有了更具体的指导、建议，是落实立德树人、强调育人为本的坚实保障，为义务教育优质均衡、高质量发展提供了有力支撑。[1]

新课标中，各科课程标准均再次强调将社会主义先进文化、革命文化、中华优秀传统文化、国家安全、生命安全与健康等重大主题教育有机融入课程，增强课程思想性。博物馆作为我国文化事业的重要组成部分，其文物藏品、精品展览所蕴藏的馆藏文化、革命文化、地域文化、传统文化正是新课标下学校教育的有力补充，将“博物馆元素”融入各科课程与学校教育形成强势互补、能量叠加，必将达成协同育人的目的。

1 “博物馆元素”课程教学背景与内容选取

湖北省相关部门和武汉当地均十分重视辛亥首义文化资源的保护、开发与利用，以辛亥革命博物馆与辛亥革命武昌起义纪念馆两馆为中心，开展文物藏品的征集、研究，展览活动的策划、推广，得到了社会各界的广泛好评。为进一步擦亮首义文化品牌，2022 年初辛亥革命博物馆与辛亥革命武昌起义纪念馆进行资源整合，成立辛亥革命博物院。作为国家一级博物馆、全国青少年教育基地、全国中小学研学实践教育基地，辛亥革命博物院坚持在青少年革命文化、中华优秀传统文化、社会主义先进文化的教育方面不断探索与创新，积极搭建多元、融合的研学实践平台，突出武汉地域文化、辛亥首义文化特色。在实施过程中，辛亥革命博物院向“做中学”“用中学”“创中学”方向打造知行合一、学思结合的校外教育大课堂。

辛亥革命博物院有明显的文化特征，是全面展示辛亥革命历史的专题博物馆，其展陈内容包含鄂军都督府旧址复原陈列、共和之基——辛亥革命历史陈列等，以复原陈列和图、文、声光电场景等方式全景式展现辛亥革命武昌起义发生、发展的历史进程，为研学活动的开展提供多种教学素材。相对研学机构学玩比例失重、参与学生批量大、针对性不强的研学课程，博物馆教育课程的设计开发与其有所区别。研学项目均由本馆熟悉文物内涵、展示情况的专业人员打造，课程开发紧扣本馆展示主题、展览内涵；课程内容围绕学生年龄层次、认知规律定制；课程执行突出知识性、趣味性、体验感，立足打造立德树人、实践育人的多元学习模式。2018 年，笔者以孙中山先生终身倡导的思想“博爱”二字为基础，创立“博爱学堂”社会教育品牌，以基本陈列展览、原创临时展览、馆藏文物、传统文化等结合城市地域文化为主题，打造全民终身教育课堂。该社会教育品牌针对不同群体系统整理了七个类别的教育子项目，其中“少年中国说”青少年研学课程作为结合常设展览举办的常规教育活动将首义精神、辛亥革命故事向青少年进行深层次解读，其开展频次高、受众范围广，受到学生们的欢迎。

2 “博物馆元素”与义务教育新课标的资源衔接

笔者通过对义务教育阶段语文、艺术、道德与法治、历史课程标准中核心素养、课程目标的梳理，以及课标与辛亥革命博物院资源的整理，为“少年中国说”研学课程的开发、完善提供了依据。

2.1 语文

语文课程具有多重功能和奠基作用，在建立文化自信、培育时代新人、实现中华民族伟大复兴方面具有不可替代的优势。其核心素养首条提出：文化自信。学生通过语文学习，热爱中华文化，继承和弘扬中华优秀传统文化、革命文化、社会主义先进文化，关注和参与当代文化生活，初步了解和借鉴人类文明优秀成果，具有比较开阔的文化视野和一定的文化底蕴，逐步形成正确的世界观、人生观、价值观。[2]

2.2 艺术

艺术课程包括音乐、美术、舞蹈、戏剧（含戏曲）、影视（含数字媒体艺术），是对学生进行审美教育、情操教育、心灵教育，培养想象力和创新思维等的重要课程，具有审美性、情感性、实践性、人文性等特点。其核心素养最后一条提出：文化理解。学生通过艺术课程学习，培育文化理解，有助于在艺术活动中形成正确的世界观、民族观、国家观、文化观，尊重文化多样性，增强文化自信。在学习过程中，学生可以感受和理解我国深厚的文化底蕴和党的百年奋斗重大成就，传承和弘扬中华优秀传统文化、革命文化、社会主义先进文化，坚定文化自信，铸牢中华民族共同体意识。[3]

2.3 道德与法治

思政课是落实立德树人根本任务的关键课程，道德与法治是义务教育阶段的思政课，具有政治性、思想性和综合性、实践性。其核心素养，主要包括政治认同、道德修养、法治观念、健全人格、责任意识。政治认同是社会主义建设者和接班人必须具备的思想前提。道德修养是立身成人之本，法治观念是行为的指引，健全人格是身心健康的体现，责任意识是担当民族复兴大任时代新人的内在要求。[4]

2.4 历史

历史课程具有思想性、人文性、综合性、基础性特点，具有鉴古知今、认识历史规律、培养家国情怀、拓宽国际视野的重要作用。其核心素养主要包括唯物史观、时空观念、史料实证、历史解释、家国情怀五个方面，根本任务是落实立德树人，引导学生初步树立正确的历史观、民族观、国家观、文化观，明理、增信、崇德、力行。[5]

在以上四科的核心素养和课程目标中，“继承、弘扬、中华优秀传统文化、革命文化、社会主义先进文化、世界观、人生观、价值观、民族观、国家观、文化观”等成为新课标全文高频词汇，突出了德育为先的基本原则。与新课标同时发布的“义务教育课程方案”中提出：加强课程综合性、注重关联，强化课程协同育人功能；变革育人方式、突出实践，发挥实践育人魅力。博物馆作为学校教育的第二课堂，其文化特性、展示手法、育人功能为义务教育阶段青少年提供了立体式、多元化、交融性的学习模式，是中小学校深化实践育人的重要场所。

2020 年，教育部、国家文物局发布《关于利用博物馆资源开展中小学教育教学的意见》提出：为促进博物馆与学校教学、综合实践有机结合，博物馆要丰富教育内容、开发系列活动课程，中小学校要创新博物馆学习方式、提升研学活动质量，馆校双方可合作共建、师资联合培养。[6] 近年来，各博物馆不断扩大教育覆盖面、加强文化辐射力，特别是在青少年中持续开展教育课堂、研学活动以凸显博物馆力量。在研学热潮下，辛亥革命博物院是青少年了解武汉城市精神、理清城市历史脉络的打卡首发站，通过对四科课程核心素养、学段目标与辛亥革命博物院资源的梳理，笔者以突出本馆文化特点与课程实践性为原则，开发针对 4 个学段、年龄覆盖 7~15 岁青少年的研学课程——“少年中国说”（表 1）。

表 1　新课标与辛亥革命博物院资源的衔接（作者自制）

<table>
<tr><th colspan="5">“少年中国说”青少年研学课程</th></tr>
<tr><th></th><th>研学项目</th><th>内容</th><th>相关领域</th><th>新课标</th></tr>
<tr><td rowspan="2">第一学段
1~2 年级</td><td>参观展览</td><td>晚清中国、武昌首义展厅</td><td rowspan="2">语文、艺术、道德与法治</td><td rowspan="2">语文：在语文实践中提升文化自信，初步懂得幸福生活是革命前辈浴血奋战、艰苦奋斗换来的，激发对革命领袖、革命家、英雄人物的崇敬之情。
艺术：培育学生文化理解能力，在音乐体验中唤起爱党、爱国、爱家乡的情感。
道德与法治：培育学生政治认同感，认识国旗、国徽，知道自己是中国人；了解老一辈无产阶级革命家和英雄模范人物，对他们有崇敬之情</td></tr>
<tr><td>研学课堂</td><td>旗帜的故事</td></tr>
</table>

续表

“少年中国说”青少年研学课程				
	研学项目	内容	相关领域	新课标
第二学段 3~4 年级	参观展览	晚清中国、武昌首义展厅	语文、道德与法治	语文：在语文实践中提升文化自信，感悟革命英雄、模范人物的爱国主义情怀和高尚品质。 道德与法治：提升学生道德修养，从衣、食、住、行等方面感受中华人民共和国成立以来的伟大成就
	研学课堂	生活大变革		
第三学段 5~6 年级	参观展览	晚清中国、武昌首义、创建共和展厅	语文、道德与法治	语文：在语文实践中提升文化自信，受到优秀作品的感染和激励，向往和追求美好的理想。 道德与法治：加强学生国情教育，了解改革开放以来我国所取得的伟大成就
	研学课堂	穿越时空的对话		
第四学段 7~9 年级	参观展览	“民族复兴、振兴中华”沉浸式展演	历史、艺术	历史：培育学生家国情怀是学习和探究历史的人文追求和社会责任，了解中国人民为反抗列强侵略、争取民族独立开始救亡图存的探索。 艺术：培育学生文化理解能力，积极参与戏剧活动、养成与同伴合作的意识和团队精神，能在脚本创编和剧日演出的过程中，传承和弘扬中华优秀传统文化、革命文化、社会主义先进文化
	知识答题	答题挑战赛		

3 “少年中国说”青少年研学课程方案（图 1）

3.1 课程目标

本课程通过参观展览、观看动画电影、知识课堂、互动体验的固定模式，加入朗诵、歌唱、演绎、DIY 等元素，引导学生感受梁启超对少年中国及中国少年的期待，学习中国近现代史的相关内容，理解中华民族对外反抗列强侵略、对内反对封建专制统治的艰难历程，分学段了解中国人民对革命道路的不断探索、中国社会的巨大改变与成就，加深爱党、爱国、爱社会主义的家国情怀。

图 1 “少年中国说”青少年研学课程环节设置
（作者自制）

3.2 课程设计

3.2.1 行前课堂

行前课堂（表 2）是研学课程的预备环节，普及公共场所参观礼仪、介绍场馆基本情况、发布研学任务单（表 3）、引导学生进行探究与思考，是做好课程实施的基础。

表 2　行前课堂内容（作者自制）

学段	课堂内容	时长（分钟）
第一～三学段	到博物院参观礼仪歌	10
	场馆介绍、观看宣传片	5
	发布课程任务单、分组、注意事项	5
第四学段	场馆介绍、观看宣传片	5
	发布课程任务单	5
	"演员"挑选、历史背景讲述	45
	排练"民族复兴 振兴中华"剧目	45

表 3　"少年中国说"青少年研学课程任务单（作者自制）

辛亥革命博物院"少年中国说"青少年研学课程任务单	
第一、二学段	绘制时间线索图，展现武昌起义经过
	以小组为单位，说一说你感兴趣的历史片段
	讲一讲衣、食、住、行等方面的变化
第三、四学段	绘制时间线索图，重现辛亥革命历史进程
	以小组为单位，讲述武昌起义的背景、经过、结果及影响
	讲一讲你引以为傲的今日中国

3.2.2　课程实施

课程实施环节是研学课程的核心组成部分，根据参与学生的认知规律、课标要求及场馆停留时长设计基础研学包及扩展研学包，分年龄、分层次逐步推进博物馆与各科知识的有效衔接（表 4）。

表 4 “少年中国说”青少年研学课程教育菜单（作者自制）

<table>
<tr><td rowspan="2">学段</td><td colspan="2">基础研学包</td><td colspan="2">扩展研学包</td></tr>
<tr><td>内容</td><td>时长（分钟）</td><td>内容</td><td>时长（分钟）</td></tr>
<tr><td rowspan="2">第一学段</td><td>展览参观</td><td>30</td><td>旗帜的故事
（重点：十八星旗、国旗）</td><td>45</td></tr>
<tr><td colspan="2">参观晚清中国、武昌首义展厅，了解100余年前的社会情况</td><td colspan="2">该课程的开展需要运用语文、艺术、道德与法治课程知识，通过讲解从清朝黄龙旗、九角十八星旗到国旗的历史演变，带领学生认识国旗、国徽、学唱国歌，了解他们是国家的象征，激发对祖国的热爱之情</td></tr>
<tr><td rowspan="2">第二学段</td><td>展览参观</td><td>30</td><td>生活大变革课程
（重点：服饰、礼仪）</td><td>45</td></tr>
<tr><td colspan="2">参观晚清中国、武昌首义展厅，了解100余年前的社会情况</td><td colspan="2">该课程要求学生从身边的生活着手，对比辛亥革命前后人民的生活变化，从礼仪、服饰、教育等方面，切身感受中国成立以来社会生活的变化及伟大成就，激发对中国特色社会主义的认同感</td></tr>
<tr><td rowspan="2">第三学段</td><td>展览参观</td><td>45</td><td>穿越时空的对话
（重点：今日“少年”对话梁启超）</td><td>45</td></tr>
<tr><td colspan="2">参观晚清中国、武昌首义、创建共和展厅，了解100余年前的社会情况以及辛亥革命后的社会变化</td><td colspan="2">课程继续深化梁启超《少年中国说》的文章内涵，带领学生穿越古今、对话先贤，讲述百余年后梁启超期盼的少年中国屹立在世界东方、中国少年拼搏在世界舞台。学生初步了解“两弹一星”、载人航天等重大成就，讲述焦裕禄、王进喜等人物的奋进故事，树立为国家富强而奋斗的志向</td></tr>
</table>

续表

学段	基础研学包		扩展研学包	
	内容	时长（分钟）	内容	时长（分钟）
第四学段	观演（“民族复兴 振兴中华”沉浸式展演）	60	知识闯关大 PK（重点：武昌起义历史主线）	20
	1. 该课程内容属于项目式学习、沉浸式参观，包括研学活动前的剧本解读、艺术排演。学生须提前全面了解 1911 年前后历史背景，使“民族复兴 振兴中华”沉浸式展演的演绎符合当时的历史情境。辛亥革命博物院开放部分复原展厅，学生可面向公众展演历史剧目，在这一过程中，需要综合运用历史、道德与法治、语文、艺术等知识，通过“演英雄、学英雄”了解剧本里的“人、物、事、魂”，学习仁人志士为救国救民而英勇斗争的精神，坚定为中华民族伟大复兴而奋斗的信念。 2. 参与学生划分为共进会、文学社两个团体，进行辛亥革命历史知识大 PK			

3.2.3 课程总结

课程总结环节是学生对研学知识的深化和再认识的过程，由于课程设计具有多学科融合的特点，参与学生可以结合课程评价表采取口头讲述、书法绘画、思维导图、微电影创编、感想写作等形式对研学课程的收获进行汇报展示。评价、展示完成后由馆校双方责任老师，评选每组的“研学明星”并颁发证书。在此环节中，馆校双方可通过第一至四学段研学课程评价表（表 5）了解研学课程质量、优化教学内容。

表 5 第一至四学段研学课程评价表（作者自制）

“少年中国说”（第一学段）研学课程评价表			
评价内容	自评	组评	师评
了解梁启超创作《少年中国说》时社会生活情况	☆☆☆	☆☆☆	☆☆☆
了解武昌首义爆发的时间	☆☆☆	☆☆☆	☆☆☆
了解幸福生活来之不易，能讲述相关红色故事	☆☆☆	☆☆☆	☆☆☆
了解国旗、国徽的设计故事	☆☆☆	☆☆☆	☆☆☆

续表

“少年中国说”（第一学段）研学课程评价表			
评价内容	自评	组评	师评
了解法律不允许损毁、涂画国旗、国徽	☆☆☆	☆☆☆	☆☆☆
会唱歌曲：国歌及歌唱祖国	☆☆☆	☆☆☆	☆☆☆
请总结你在本次研学活动中的感受与收获：			

“少年中国说”（第二学段）研学课程评价表			
评价内容	自评	组评	师评
了解梁启超创作《少年中国说》时社会生活情况	☆☆☆	☆☆☆	☆☆☆
知道武昌首义爆发的时间	☆☆☆	☆☆☆	☆☆☆
说一说衣、食、住、行等方面的变化	☆☆☆	☆☆☆	☆☆☆
感悟革命英雄的爱国主义情怀和高尚品质	☆☆☆	☆☆☆	☆☆☆
知道新中国来之不易，能讲述相关红色故事	☆☆☆	☆☆☆	☆☆☆
请总结你在本次研学活动中的感受与收获：			

“少年中国说”（第三学段）研学课程评价表			
评价内容	自评	组评	师评
了解梁启超创作《少年中国说》时社会生活情况	☆☆☆	☆☆☆	☆☆☆
说一说梁启超期盼的“少年中国”及“中国少年”的模样	☆☆☆	☆☆☆	☆☆☆
知道武昌起义的背景、经过、结果和影响	☆☆☆	☆☆☆	☆☆☆
了解我国在两弹一星、载人航天方面的成就	☆☆☆	☆☆☆	☆☆☆
谈一谈个人理想及如何努力实现	☆☆☆	☆☆☆	☆☆☆
请总结你在本次研学活动中的感受与收获：			

续表

"少年中国说"（第四学段）研学课程评价表			
评价内容	自评	组评	师评
了解梁启超创作《少年中国说》时社会生活情况	☆☆☆	☆☆☆	☆☆☆
说一说梁启超期盼的"少年中国"及"中国少年"的模样	☆☆☆	☆☆☆	☆☆☆
了解戏剧排演方法，排演中具有合作精神、团队意识	☆☆☆	☆☆☆	☆☆☆
通过"演英雄""看剧目"深入了解辛亥革命历史	☆☆☆	☆☆☆	☆☆☆
认识辛亥革命的历史意义及局限性	☆☆☆	☆☆☆	☆☆☆
请总结你在本次研学活动中的感受与收获：			

"少年中国说"研学课程是针对四个学段青少年开展精品小班研学项目，在执行过程中深化"看、学、做"多合一的教育理念，分别推出基础研学包和扩展研学包，活动时长约为2.5小时。从课程目标、设计思路到行前课堂、课程实施、课程总结等环节，均针对学生年龄层次及认知规律进行精心打磨，各学段课程内容从"知道、了解、感悟、探究"螺旋式逐步深入，使学生对孙中山等民主革命先行者早年的革命活动、武昌起义及中华民国成立的史实、1912年以来社会生活的变化、新中国成立等内容有了一定的了解。

4 总结

原故宫博物院院长单霁翔接受采访时曾讲道："博物馆是加强社会教育的积极力量，要努力发挥博物馆教育资源的独特优势，推动博物馆与学校教育、家庭教育紧密结合，组成更加健全的社会教育网络，有利于普及文化，提高全民文明素质。"当下，各地博物馆都十分重视社会教育工作，尤其是青少年教育，有针对性地推出了多种主题的研学课程、教育课堂，让更多青少年了解、喜爱、传承、弘扬中华文化。

武汉地区的各类博物馆有 100 余家，在很大程度上可以打破本地中小学校开展实践育人活动文化资源缺乏、教学方法单一的局限性，满足校方实践教学活动体系化开发的需求。就辛亥革命博物院“少年中国说”研学课程而言，在语文、艺术、道德与法治、历史课程新课标、学段目标的指引下，以培养“全面发展的人”为核心，从文化基础、社会参与、自主发展三个方面，将学会学习、健康生活、责任担当、实践创新、人文底蕴、科学精神渗透到研学课程中，做到各学段课程主题合理、形式多样、内容丰富，改变了辛亥革命博物院原有研学课程学习主题与校内教学衔接性不强、课程内容复杂无针对性、教学重点不清晰、知识获得不均衡的现象。

在博物馆社会教育工作高速发展的背景下，各项青少年研学实践课程的开发，不能单一站在讲述展览、文物内涵的角度，应在教学内容上与学校课程标准衔接，在课程设计时由双师团队协作优化，着力开发适合更多年龄层次、更广教学深度的研学课程，使其系统化、规范化，与学校教育共画育人同心圆。青少年通过参与各项研学课程，在获取知识、开阔视野的同时，逐步养成文化习惯，从小建立与博物馆的紧密联系，使青少年走进博物馆、爱上博物馆有了更多的理由和更强的动力，让源远流长的中华文明、博大精深的中华文化有了弘扬、传承的后备力量。

鲁珊，辛亥革命博物院

参考文献

[1] 中华人民共和国教育部. 教育部召开新闻发布会介绍义务教育课程方案和课程标准修订情况［EB/OL］.（2022-4-21）［2024-4-21］.http：//www.moe.gov.cn/fbh/live/2022/54382/.

[2] 中华人民共和国教育部. 义务教育语文课程标准［S］. 北京：北京师范大学出版社，2022.

[3] 中华人民共和国教育部. 义务教育艺术课程标准［S］. 北京：北京师范大学出版社，

2022.
[4] 中华人民共和国教育部. 义务教育道德与法治课程标准 [S]. 北京：北京师范大学出版社，2022.
[5] 中华人民共和国教育部. 义务教育历史课程标准 [S]. 北京：北京师范大学出版社，2022.
[6] 教育部，国家文物局. 教育部 国家文物局关于利用博物馆资源开展中小学教育教学的意见 [EB/OL]. (2020-10-12) [2023-12-31]. http://www.moe.gov.cn/srcsite/A06/s7053/202010/t20201020_495781.html.

浅谈纪念馆红色教育资源应用于小学的实践与发展研究

以滇西抗战纪念馆为例

许　蜀

习近平同志在江西考察调研时专程瞻仰了红色遗址，他语重心长地说：“无数革命先烈用鲜血和生命换来的江山为我们创造美好生活奠定了坚实的基础，他们留下的优良传统是永远激励我们前进的宝贵财富，任何时候都不能丢。”建党百年，越来越多的学者开始研究红色文化资源的价值及发展，越来越多的领域开始融入红色文化精神。红色教育资源的开发利用，有利于公众的全面发展，有利于高尚道德的塑造、健康情感的陶冶、创新素质的锻造、审美素养的培养。本文主要针对滇西抗战纪念馆红色教育资源在小学的实际应用展开调查、研究，分析其红色教育资源利用现状、红色教育资源实践取得的成果、实施过程中遇到的困难与不足以及改进的方法，从而浅谈纪念馆红色教育资源应用于小学的实践与发展。

1 红色教育资源概述

1.1 概念

红色教育资源是中国共产党领导广大人民群众在马克思主义理论指导下，在实现民族解放、国家富强和中华民族伟大复兴的历史征程中所创造并保存下来的物质与精神形态共存的特殊宝贵资源。它体现了我党、我军的革命精神和优良传统，是中华民族的优秀文化资源，是实现中国梦的精神财富和力量源泉。

1.2 红色教育资源的内容

1.2.1 红色教育资源的主要内容是爱国主义教育

爱国主义是民族团结的纽带，是推动社会不断发展的精神动力之一。新时代的爱国主义教育，主要途径就是利用红色教育资源进行学校教育，从而来提高学生爱国、爱党、爱人民的社会主义情怀。

1.2.2 红色教育资源的重要内容是全心全意为人民服务和艰苦奋斗

社会主义应该是一个人人为我，我为人人的奉献型服务社会，而革命前辈为了我们今天的幸福生活进行了艰苦奋斗甚至奉献了生命；将红色教育资源应用到教学中，会帮助新一代树立为人民服务的人生观和价值观，养成艰苦奋斗的优良品格。

1.3 红色教育资源的分类

1.3.1 物质形态的红色教育资源

物质形态的红色教育资源是指中国共产党领导人民群众的历史进程中形成的许多具有一定规模的历史遗存，其主要形式是烈士陵园、博物馆、纪念馆、重要遗迹遗址、先烈旧居、名人故居等。

1.3.2 非物质形态的红色教育资源

非物质形态文化资源主要包括中国共产党领导全国人民改革和发展的各种政治信仰、理论知识、价值取向、道德观念，党领导人民群众进行社会主义建设时的一系列规章制度和各种作为传播党的理论思想和增强民族凝聚力的著作和艺术作品。

1.4 红色教育资源应用到教学中的必要性

1.4.1 红色教育资源是实现立德树人任务的宝贵资源

红色教育资源应用到教学中，能够强化社会主义核心价值观教育，助推正能量的传播，塑造学生的健康人格，是培养中学生艰苦奋斗精神的客观需要。

1.4.2 红色教育资源应用到教学中是实现红色资源传承的重要途径

红色教育资源应用到教学中，有助于厚植学生的文化自信，有助于红色文化资源的继承、弘扬和传播。

2 红色教育资源现状分析

2.1 当前社会红色教育资源现状分析

1997 年 7 月，中共中央宣传部向社会公布了首批百个爱国主义教育示范基地，并以此影响和带动了全国爱国主义教育基地的建设。此后全国增加了许多爱国主义教育基地，国家在保护红色教育资源和建设爱国主义教育基地方面投入了极大的经费和关注。习近平总书记也多次强调要发挥好红色教育资源在学校教育中的作用。各大学校以及各类社会群体越来越重视红色教育资源了。

2.2 滇西抗战纪念馆红色教育资源的应用、实践地——腾冲的红色教育现状分析

红色文化资源的本质属性是意识形态，是思想政治教育的宝贵资源。它是

党领导人民群众在经年累月的革命、建设和改革过程中形成的物质和精神财富的总和。近年来，腾冲部分学校结合办学特色，适时开发和运用红色文化资源，把红色人物、红色事迹、红色精神生动地运用到课堂教学之中，丰富了高校思想政治教育的内涵。将红色文化资源融入课程，可以让学生对党史和社会主义发展史有最基本的认知，通过学习党的红色历程，特别是了解和学习英模人物的真实感人事迹，能够培育新时代学生的爱国主义情怀和集体主义意识，继而增强他们对社会主义的认同、对中国共产党的认同、对马克思主义的认同。由此可见，红色文化资源是一种优秀的教育资源。红色文化资源除了具有理论层面的功效以外，还能够通过学生亲身参与红色主题的校园和社会实践加速内化红色精神和红色优良传统的进程，如开展红色主题的校园文艺活动、参观革命圣地、投身于红色主题的社会公益活动等。

3 以滇西抗战纪念馆为例分析红色教育资源的应用与实践

3.1 滇西抗战纪念馆简介

滇西抗战纪念馆被中共中央宣传部公布为国家级爱国主义教育示范基地、国家抗战纪念设施遗址名录地。滇西抗战纪念馆拥有国内独特的关于滇西抗战的红色教育资源，近年来，滇西抗战纪念馆紧跟国家爱国主义教育、红色教育政策，充分利用馆内的红色教育资源，开展红色教育实践活动。

3.2 滇西抗战纪念馆的红色教育资源

依托滇西抗战的相关历史故事、文物故事、人物故事，结合当下时代精神、爱国精神、红色精神，开发新的红色教育资源。

3.3 滇西抗战纪念馆红色教育资源的应用现状

宣讲团进校园活动：滇西抗战纪念馆宣教部组成了一支宣讲团队，专门负责到附近的小学进行红色教育宣讲。宣讲内容将滇西抗战史与爱国主义精神相结合，同时受众范围从单一的班级、年级扩大到了一个学校甚至一个地区的学校。

校园特色课活动：滇西抗战纪念馆宣讲团中较为优秀的讲解员会定期到附近小学，给同学们上红色教育特色课。特色课内容是从众多红色教育资源中选取一两个点，并将内容放大、扩散，结合爱国主义精神，同学们在上完特色课之后不仅能从多方面学习这节课的红色知识点，还能结合自己的实际情况将知识转化成实践。

红色教育资源展览进校园：滇西抗战纪念馆会定期在小学校园中开展红色教育资源专题展览。展览内容汲取习近平总书记历次关于抗日战争讲话中的精华片段，深入浅出地讲述战争中的事件、人物、历史意义，同时辅以丰富的历史真实图片，通过抗日战争肇端 、华北－西北抗战与七七事变、中国共产党提出和实践持久战的总方针、淞沪会战爆发前后、南京的陷落及日军的兽性昭然、武汉会战及中华民族的千里大逃亡、长沙会战 、中国远征军及“中缅印”战区抗战、反攻及抗战胜利 9 个篇章为观众呈现在中国共产党的坚强领导下，革命先辈艰苦卓绝、浴血拼搏，取得 14 年抗日战争最终胜利的伟大历史进程，为同学们提供滋养身心的抗战精神内核。

红色教育资源小小讲解员活动：滇西抗战纪念馆在红色教育资源宣讲、特色课以及展览的基础上，从平时参加活动的小学生中挑选出了一批认真学习红色知识、爱国主义思想扎根牢、想要宣扬红色知识和红色故事的孩子，经过馆内有经验的讲解员和外聘的专业教授指导提高后，培养出了一批小小讲解员。

3.4 滇西抗战纪念馆红色教育资源应用于小学现阶段取得的成果

本地区有越来越多的学校主动邀请滇西抗战纪念馆进校开展爱国主义教育活动，并且多次组织学生以及教师到滇西抗战纪念馆参观学习。经过近几年的各种红色教育活动，小学生对于这段历史的了解越来越多，也越来越感兴趣，不仅在校内认真学习相关知识，课余时间也会要求家长带领自己到滇西抗战纪念馆进行参观学习。

3.5 研究方法

3.5.1 文献分析法

在进行论文创作之前，我们通过图书馆和互联网等途径，开展与本课题相关的资料查阅、搜集工作，在大量阅读的基础上，有选择地对本课题相关资料进行整理及分析。

3.5.2 访谈研究法

我们通过对小学班主任和家长进行访谈，了解红色教育资源融入小学生思想品质教育的整体现状以及存在的问题，得到真实的数据，提出切实可行的利用红色教育资源促进小学生思想品质教育的方法。

3.5.3 调查分析法

我们通过观察、发放问卷的形式，搜集整理有关小学生对红色教育资源的了解和学习情况，并进行研究，分析小学生思想品质教育与红色教育资源学习问题，提出相应的对策。

3.5.4 案例分析法

我们通过分析滇西抗战纪念馆利用红色教育资源在周边小学开展育人活动的具体实践，浅谈纪念馆红色教育资源的应用。

3.6 调查问卷

3.6.1 开展问卷调查的目的

为了更好地了解滇西抗战纪念馆红色教育资源在小学的应用实践所取得的成果，本次调查问卷根据相关的研究文献资料以及实际情况进行设计。主要目的在于分析滇西抗战纪念馆利用红色资源组织教育活动后，红色基因在小学生思想品质教育中的普及程度以及日后相关课程的改进情况。

3.6.2 调研问卷的内容构成

本次调查问卷主要由主观题和客观题两部分构成。具体为 9 道客观题和 1 道主观题，一共 10 道题。

3.6.3 调研问卷的对象来源

本课题于 2021 年 10 月—2022 年 3 月，在腾冲市第二完全小学、腾冲市蒲川完全小学、腾冲市五合完全小学等 5 所小学对参加过滇西抗战纪念馆的红色教育资源育人活动的同学进行抽样调查，共计发放调查问卷 500 份，收回有效问卷 420 份，总有效率为 84%。

3.6.4 调研问卷的数据分析

经过计算和比对得出每个选项占有的比例，并根据需要形成以下的饼状图和条形图。

由图 1 我们得知四年级的学生有 78 人，五年级的学生有 123 人，六年级的学生有 219 人，可以看出本次调查的对象中高年级（五年级、六年级）的学生居多。高年级同学对比低年级的同学来说，对于爱国主义特色课 / 宣讲课即红色教育课程更感兴趣，更想参加课程。

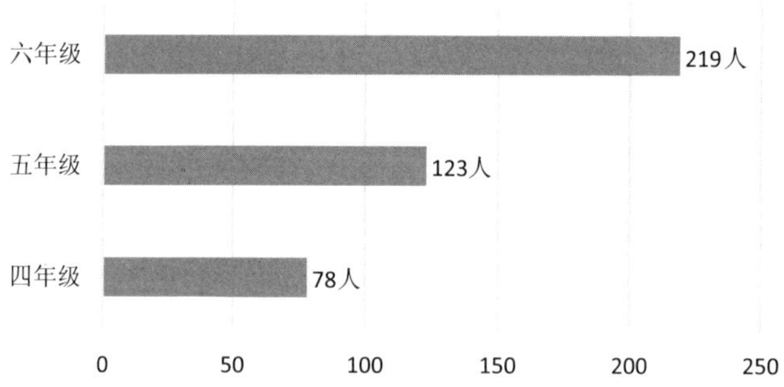

图 1　你的年级?

（作者自绘）

从图 2 可以看出，在抽查的样本中，去过滇西抗战纪念馆一次的学生有 147 人，去过滇西抗战纪念馆两到三次的学生有 217 人，去过滇西抗战纪念馆三次以上的学生有 56 人。当地大多数学校都会组织学生到滇西抗战纪念馆参观学习，这也是绝大多数学生第一次到滇西抗战纪念馆，学生第二次到滇西抗战纪念馆参观一般是去参加红色爱国主义教育活动，少部分学生去过滇西抗战纪念馆三次以上。

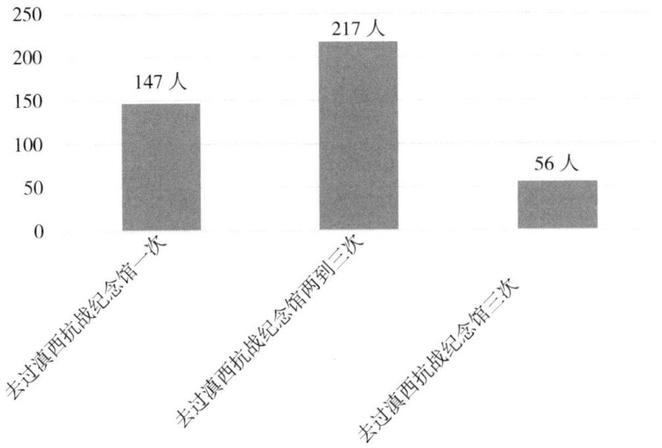

图 2　你去过滇西抗战纪念馆几次?

（作者自绘）

由图 3 可见，参加过滇西抗战纪念馆红色育人活动一次的有 145 人，约占样本总数的 34.52%；参加过滇西抗战纪念馆红色育人活动两次的有 188 人，约占样本总数的 44.76%；参加过滇西抗战纪念馆红色育人活动两次以上的有 87 人，约占样本总数的 20.71%①。据此我们可以得知，大部分同学都参加过一到两次滇西抗战纪念馆组织的红色育人活动，少部分同学参加过两次以上。

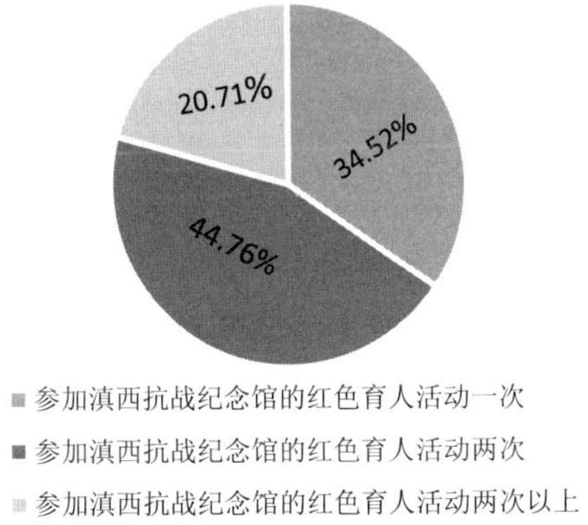

图 3　你参加过滇西抗战纪念馆的红色育人活动几次?

（作者自绘）

① 本部分数据采用四舍五入法取得，故存在误差，其总和不等于 100%。

根据图 4 得知，在进行爱国主义教育的学生中，91.67% 的学生喜欢上爱国主义教育课，只有 8.33% 的学生不喜欢。从中不难看出同学们还是很喜欢红色爱国主义教育课的。

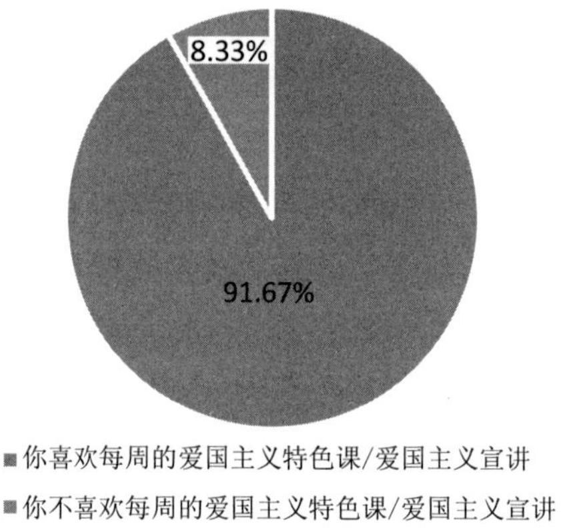

图 4　你喜欢每周的爱国主义特色课 / 爱国主义宣讲吗?

（作者自绘）

由图 5 可知，在抽查的样本中，对特色课内容感兴趣的有 321 人，对特色课内容一般感兴趣的有 76 人，对特色课上课内容不感兴趣的有 23 人。由此可知，大部分学生对于特色课的内容还是比较感兴趣的，但是也有同学对课程内容提不起兴趣，因此施教者应该更关注对于课程内容的开发和设计。

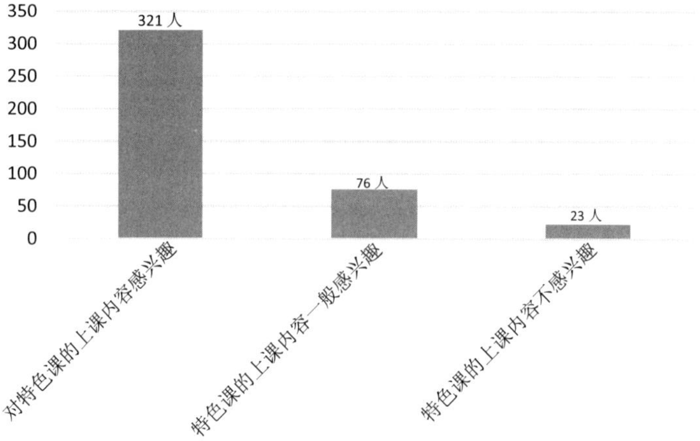

图 5　特色课的上课内容你感兴趣吗?

（作者自绘）

由图6可知，在调查样本中，有289名学生主动去过滇西抗战纪念馆，131名学生没有主动去过滇西抗战纪念馆。由此可知，在上完滇西抗战纪念馆的课程后，有很多同学会主动去滇西抗战纪念馆参观，同学们对历史的兴趣被提起来了。

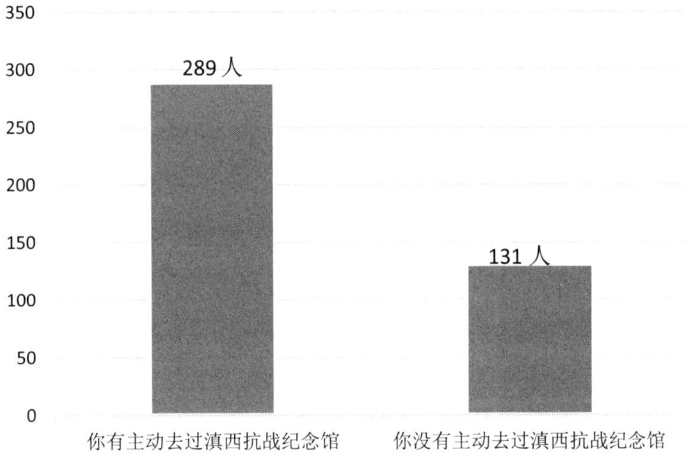

图6　在上完爱国主义宣讲课/特色课后你有没有主动去过滇西抗战纪念馆?

（作者自绘）

由图7可知，在抽查样本中，有37.85%的学生喜欢看视频环节，有15%的同学喜欢情景剧环节，有47.15%的同学喜欢互动问题环节。根据此结果可以适当调整内容呈现形式。

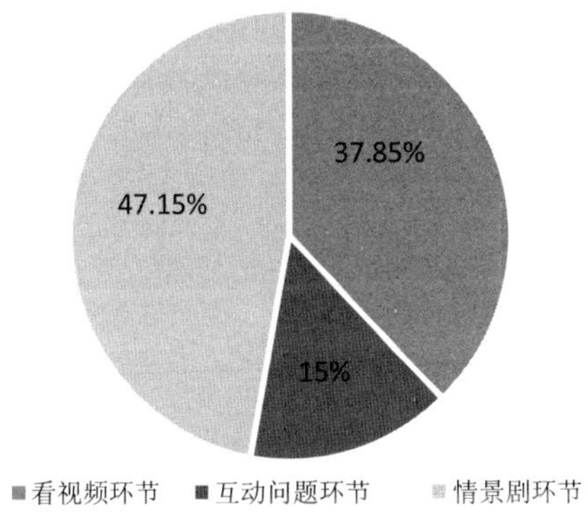

图7　你最喜欢上课时候的哪个环节?

（作者自绘）

由图 8 可知，在抽查的样本中，36.91% 的学生会在上完滇西抗战纪念馆的课程后主动阅读相关史书或在网上观看相关视频，而 63.09% 的学生不会。据此可知，红色爱国主义教育课 / 特色课引起了学生的兴趣，但效果甚微，大部分学生还是停留在课堂学习阶段。

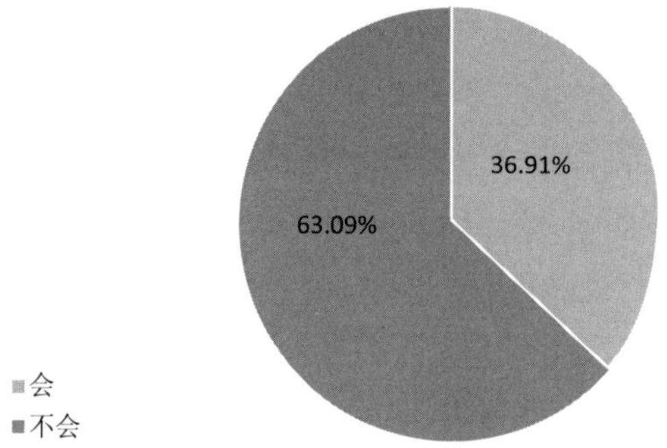

图 8　课程后你会不会主动去阅读相关史书或在网上观看相关视频?

（作者自绘）

由图 9 可知，在抽查的样本中，80.71% 的学生会向自己的家长或者朋友讲述所学的红色故事，19.29% 的学生不会。由此可知大部分学生都会向自己的家长和朋友讲述自己学到的红色故事，说明红色爱国主义教育课 / 特色课给学生留下了很深的印象，对学生的思想产生了潜移默化的影响。

3.6.5　调查结论与评价

通过此次问卷调查，可以得出以下几点结论。

第一点：总体来说，滇西抗战纪念馆的红色教育资源育人活动是成功的。通过调查问卷反馈和向班主任、家长了解情况后得知，大部分学生很喜欢上爱国主义宣讲 / 特色课，对老师上课的内容感兴趣；上过爱国主义宣讲 / 特色课的小学生，大部分会主动向家长和朋友讲述学习到的红色知识，会主动学习相关知识，老师在课堂上提问相关问题，也有更多的同学能够主动回答，与之前相比，他们的历史常识增加了许多，爱国情怀加深了许多。

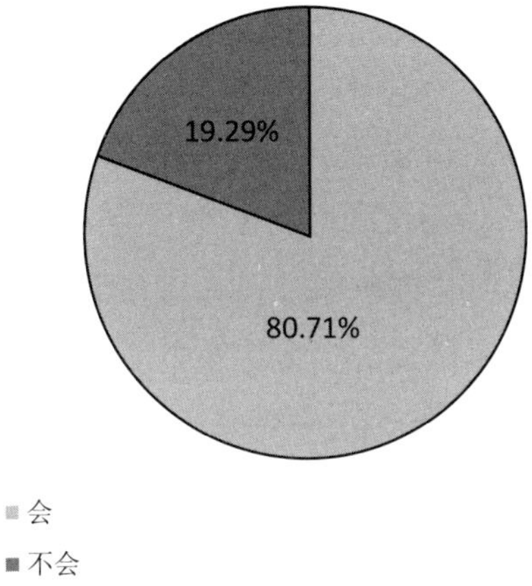

图 9　你会不会向你的家长或者朋友讲述你学到的红色故事?
（作者自绘）

第二点：总体上来说，滇西抗战纪念馆的红色教育资源育人活动是成功的，但仍有很多问题、不足，比如：教学范围太窄，教学对象太局限；教学次数不够多，不能满足学生的求知需求；取得了一定效果但甚微；课程内容不够令学生感兴趣；教学环节设置更需合理化，不够以学生为中心；等等。

3.7　滇西抗战纪念馆红色教育资源应用于小学存在的问题

3.7.1　红色教育内容形式单一

滇西抗战纪念馆的红色教育资源开发应用内容形式单一，目前主要开展的是进校园爱国主义宣讲 / 特色课、爱国主义教育展览进校园、爱国主义教育小小讲解员培训、展馆内不定时举办爱国主义展览这些活动。馆内相关活动不够多，馆外活动形式单一。红色文化资源育人的实践途径碎片化且未形成合力。

3.7.2　滇西抗战纪念馆的宣讲团队建设不够完善

滇西抗战纪念馆的红色教育资源开发应用具有一定的局限性，滇西抗战纪念馆的宣讲团队建设不够完善，施教队伍规模小、专业性不强、知识储备不足，部分施教者在育人过程中提升了小学生的心理接受能力，晓之以理部分过多，动之以情部分较少，频繁开展政治说教，缺乏人情味儿，亲和力不够，弱化了育人话语的功效；课程开发局限于滇西抗战这段历史，利用的主题过旧，片面运用以暴力革命为主题的红色文化资源，主题教育的力度不足。同时，一些红色文化的史料权威性不足，使得主题教育不够深入，主题教育的效果不明显。施教者和受教者（即小学生）将红色精神融入行为实践的力度有待增强。过于注重理论灌输，缺乏体验、感悟式的实践教育方法。榜样教育没有做到理想和现实的统一，脱离学生的生活实际，欠缺可效仿性。

3.7.3 课程设计不够以学生为主体，缺乏趣味性

滇西抗战纪念馆的红色教育资源应用于小学生教育主要通过爱国主义宣讲/特色课来实现，课程设计是影响教育效果的重要因素。课程设计要以学生为主，以历史事实为依据，增强课程的合理性和趣味性。而现有红色文化资源育人的内容脱离时代背景，主题滞后。

3.7.4 施教者忽视发挥新媒体的优势功能

红色文化资源的基础设施功能存在配套不足的问题，在宣讲、宣传、展示、展览方式以及手段等方面存在滞后的问题，多数依靠实物、照片、文字以及图片等静态形式来展示，这样的形式层次不深导致教育功能不足。多数观众和学生都是走马观花，参与度不高，缺乏现场的互动及现场体验式教育活动，也缺乏与多媒体、动漫等相关科技手段的结合，即便采用了播放视频、音频等手段，但是取得的效果却差强人意。

3.8 针对滇西抗战纪念馆红色教育资源应用于小学存在的问题提出的建议

3.8.1 丰富红色教育内容形式

除了滇西抗战纪念馆已经开展的爱国主义宣讲/特色课进校园、爱国主义小小讲解员、爱国主义红色展览的几种形式，滇西抗战纪念馆应与学校进行沟通联系，形成双向协作机制，在保证学生安全的情况下，定期安排学生进行参观学习，定期组织教师进行培训学习，将红色基地的知识以文字、照片或录像

形式带回学校，再编制属于学校的特定红色校本教材，供学生们课堂和课外学习使用。红色教材可以是课本、课外故事书、录像带、光盘等。另外，我们还可以根据当地实际情况展开特色活动。

帮助学校在校内设置特色的红色基因学习馆。将学习馆分为不同主题，让学生可以在学校内部学习到红色基因的知识，而教师可以借助学习馆内容组织丰富多彩的活动：组织学生进行手工制作，制作出自己心目中的英雄形象等；举办征文、演讲活动，并将他们的成果放在红色基因学习馆中进行展览，增强学生的体验感和荣誉感；开展红色阅读活动，组织集体阅读红色书籍，并写出读后感；推荐有意义的红色电影，并经常组织集体观影活动；创建红色报刊，刊登先进人物、先进事迹。

开展红色文化活动。滇西抗战纪念馆可以在特定的红色节日举办学习红色基因的专题活动，引导学生积极参与活动，提高学生的活动参与度；也可以在平常定期组织红色文化实践活动，并在活动后组织发表学生自己的感受。

3.8.2 完善滇西抗战纪念馆的宣讲团队建设

滇西抗战纪念馆宣讲团队必须以身作则，从各方面提升自我素养，加强整个队伍的建设。首先，更新教育理念。红色基因不是陈旧的革命历史，而是被赋予了新时代内涵的先进理论。新时代背景下，红色基因融入小学教育是长期的、终身的，必须久久为功，并且应该把培养小学生的思想道德品质放在宣讲团进校园目标的首位。其次，完善教育方法。小学生不同于中学生和大学生，其处于基础教育阶段，施教者应采用启发性、引导性的教育方法，与学生形成双向互动，改变传统单向灌输的方式。最后，还要运用榜样示范法，以身作则，发挥表率作用。理论与实践相结合，更能增强教育的实效性。坚持红色基因对小学生的全面素质教育，注重培养小学生的个人理想和实践能力。

3.8.3 课程设计要以学生为主体，增强趣味性

以课堂教育为主要“战场”，以学生为主体，因材施教。课堂教育是学生获取知识的主要渠道，因此激活课堂教育尤为重要。在小学教育中，要更加注重激活红色教育课堂，施教者必须明确教育对象为小学生，因此在设置教育目标

时必须使其符合小学生的认知力和理解力。低段小学生以热爱祖国、关心集体、文明礼貌等为思想品质教育目标；中段小学生思想品质教育的目标为坚强、有毅力、积极向上等；高段小学生则要树立远大理想、增强服务意识和奉献精神等。无论是从教育目标、教育过程，还是从教育方法角度，都应该从小学生的立场出发，以他们的理解为根本目标，重视理论灌输与活动体验的结合，增强对小学生思想品质教育的实效性。

增强教育过程的趣味性。由于年代久远，红色基因的教育内容比较枯燥，施教者应该将红色基因渗透到理论教学中，在课堂上可以用耳熟能详的典型红色故事、红色英雄事迹为引导培养小学生的爱国主义情感和集体主义思想。用红色故事结合时代人物、时代案例贯穿引导环节、小组讨论、情景体验、实施环节，调动课堂气氛达到教育效果。

对于小学生，我们应该尽量采用多种教育方式，而非一味地单向灌输。我们可以运用直观的道具，例如图片或者贴纸、卡片，将红色英雄人物做成动漫图片，激发学生的好奇心，调动学生参与课堂的积极性。

3.8.4 施教者忽视发挥新媒体的优势功能

红色教育资源的传播必定要借助新媒体。施教者在对小学生进行理论教育时，应该多多应用多媒体教学，将红色教育内容制作成动画、图片等，以吸引学生的注意力。

施教者应收集整理各地具有教育意义的红色故事，将其融入爱国主义课程，在教学过程中还应借助视频、音频等形式播放红色影视作品，宣传红色歌曲。

加强红色教育资源传播，网络是必然选择，滇西抗战纪念馆要发挥好网站和公众号的宣传效能，拓宽爱国主义教育的途径、渠道和范围。

4 结论与展望

本文通过对滇西抗战纪念馆红色教育资源应用于小学的实践进行研究和整理，阐述了纪念馆红色教育资源应用实践的相关理论内容，通过实地访谈与问卷调查，发现滇西抗战纪念馆红色教育资源应用于小学生爱国主义教育的一些问题，针对这些问题提出了相应的改进方法，并由此浅谈纪念馆红色教育资源应用于小学的实践。

博物馆、纪念馆是社会中红色教育资源的主要集中地，博物馆、纪念馆要发挥好社会教育的作用。新时代小学生的思想品质教育越来越受到重视，红色基因也被时代重新解读，当代少年儿童应该具有奉献精神和远大的理想信念，因此博物馆、纪念馆要扛起传播和弘扬红色文化资源的大旗，将自身的红色教育资源应用并服务于小学生的思想教育，发挥其本身的育人价值。

许蜀，滇西抗战纪念馆

参考文献

[1] 袁玉梅，安慧，王庆玲. 红色资源在大学生社会主义核心价值体系认同中的作用：基于陕西高校的调查研究［J］. 井冈山大学学报（社会科学版），2013，34（5）：21-27.
[2] 习近平. 习近平谈治国理政：第二卷［M］. 北京：外文出版社，2017.
[3] 习近平. 习近平谈治国理政：第三卷［M］. 北京：外文出版社，2020.
[4] 福建省革命历史纪念馆，中国博物馆协会纪念馆专业委员会，福建省爱国主义教育基地研究会. "红色文化论坛"论文集［C］. 北京：中共党史出版社，2013.
[5] 聂素丽. 新媒体时代红色文化传播策略研究［D］. 长沙：湖南师范大学，2015.
[6] 粟坤忠. 小学思想政治教育的现状分析及对策［J］. 学周刊，2015（18）：108.
[7] 朱小理. 红色资源转化为教育教学资源的方式及路径研究［D］. 南昌：南昌大学，2011.
[8] 林秀娟. 简析红色教育对幼儿成长的重要作用［J］. 福建党史月刊，2014（22）：52-53.
[9] 吴红莲. 利用博物馆红色资源开展主题教育的策略探讨［J］. 闽西职业技术学院学报，2020，22（4）：21-24.

探析学习单在红色展览配套教育课程中的使用

以瑞安市博物馆“党史中的浙江地名·温州篇”红色地名展学习单为例

姜 扬

2021年是中国共产党成立100周年。习近平总书记在党史学习教育动员大会强调:“要抓好青少年学习教育，着力讲好党的故事、革命的故事、英雄的故事，厚植爱党、爱国、爱社会主义的情感，让红色基因、革命薪火代代传承。”

作为公共教育机构，博物馆是红色根脉的坚定守护者。各地博物馆积极响应号召，开展各类红色展览。红色展览是开展爱国主义教育的生动教材。然而，受多元信息冲击，红色展览的青少年宣教工作面临挑战。红色展览配套教育课程须精心设计、突出重围。

本文以瑞安市博物馆“党史中的浙江地名·温州篇”红色地名展学习单的设计和在展览配套教育课程中的应用为例，探讨红色展览配套教育课程如何落地实施，更好地服务于青少年爱国主义教育。

2021年是中国共产党成立100周年。习近平总书记在党史学习教育动员大会上的讲话中明确提出:“要抓好青少年学习教育,着力讲好党的故事、革命的故事、英雄的故事,厚植爱党、爱国、爱社会主义的情感,让红色基因、革命薪火代代传承。”[1]5月25日,中共中央办公厅印发《关于在全社会开展党史、新中国史、改革开放史、社会主义发展史宣传教育的通知》,对在中国共产党成立100周年之际,对开展“四史”宣传教育做出安排部署,引导广大人民群众特别是青少年“弄清楚中国共产党为什么能、马克思主义为什么行、中国特色社会主义为什么好”等基本道理,加深对党的历史的认识,加深对党的理论的把握。

2021年6月8日,由浙江省民政厅主办,温州市民政局、中共瑞安市委、瑞安市人民政府承办,瑞安市民政局、瑞安市文化和广电旅游体育协办,瑞安市博物馆等单位联办的“党史中的浙江地名·温州篇”红色地名展(以下简称“红色地名展”)在瑞安市博物馆开展。展览精选28个温州红色地名,展现在中国共产党领导下,温州地区的百年发展成就。

为更好发挥“红色地名展”教育功能,依托瑞安市博物馆和瑞安市仙降中学的馆校共建项目“学光2021”暑期红色研学夏令营,我馆设计“红色地名展”配套教育课程“红色地名耀百年征程”,以期充分利用展览资源,实现展教融合。

然而,“红色地名展”由浙江省民政厅主导策展,各级民政部门联合参与办展,所以该展览不是传统意义上的文博类展览,内容设计偏向成年人,能直接提供给青少年的学习给养较少。因此,展览在对青少年宣教上有一定局限。

下文将以“红色地名展”学习单的设计和在配套课程“红色地名耀百年征程”中的应用为例,探讨红色展览如何开展配套教育课程,更好地服务于针对青少年的爱国主义教育。

1 配套教育课程整体构想

1.1 课程受众及特点

配套教育课程的落脚点在课程，而备课的实质是“备学生”，因此馆方应在明确课程对象之后，有的放矢地设计课程。课程参与者是瑞安市仙降中学初一新生、在校生和应届毕业生，年龄段为13~16周岁。这一年龄段的青少年，有一定的历史知识积累，但是个体之间存在差距；且这一年龄段又是人生观、世界观、价值观形成的关键期，这一年龄段的青少年需要正确的引导。

1.2 课程设计目标

知识获得：从温州红色地名切入，了解红色地名中涌现的英烈和革命故事，学习课本中鲜有涉及的温州地区百年党史，包括艰苦卓绝的革命斗争史、勇立潮头的创业奋斗史。

价值传递：扣好“人生第一粒扣子”，认识新时代青少年的历史使命，厚植家国情怀，争做社会主义接班人。

其他事项：消弭背景知识差距，具有一定普适性。

1.3 内容来源

1.3.1 “红色地名展”

“红色地名展”以时间为经、地名为纬，包含丰富翔实的文献资料。展览以早期温州地区党组织的创建、土地革命、抗日战争、解放战争、新中国成立、改革开放和社会主义建设发展时期等几个党史中的重要阶段为基本框架，分“星火燎原”“民族解放”“勇立潮头”三大篇章。

此外，配合展览主题，展出瑞博馆收藏的多件珍贵革命文物，如“金缄三烈士致志廉的信函”“1939年进步刊物《学光》”“解放战争时期左轮手枪”“牛皮子弹盒”等。

1.3.2 地方文献

为突显瑞安在“红色地名展”中的主场地位，课程着重聚焦瑞安的红色地名，援引《瑞安日报》、“瑞安印记”微信公众号等本地官媒刊载的信息，以及俞岳秋等地方文博专家的著作作为参考和补充。

2 课程教材：“红色地名展”学习单设计

学习单，又称活动单、任务手册、学习手册。在博物馆教育中，学习单主要取材于展览内容，在宣传教育中作为学习工具和信息传播媒介，运用各种导览问题或任务，来引导参观者探索思考。

2.1 知识体系概述

“星火燎原”篇章时间段是1921—1937年，包含8个红色地名，以1932年2月在平阳北港成立中共浙南委员会和浙南红军游击队为节点，可细分为“觉醒斗争”“党组织重建”两部分。

“民族解放”篇章时间段是1937—1949年，包含9个红色地名，以1945年抗日战争胜利为节点，可分为“共御外侮”和“革命解放”两个阶段。

“勇立潮头”篇章时间节点是1949—2021年，包含11个红色地名，按照发展领域，可分为经济、国防、交通、生态、民生等五部分。

2.2 导览题创作概述

导览题是学习单的主体。“红色地名展”学习单导览题以展览文本为“血肉”，以内容的特点为依据，确定适用题型。常见题型有知识型、场馆型、延伸型等。

知识型题属于基础题型，包括连线题、填空题（填色题）、判断题等，可较大范围涵盖展板图文中的知识点。

连线题，可以清楚归纳时间、红色地名、人物、重大历史事件等概念之间的对应关系。

填空题，指向性明显，解题直观，答案客观。可快速获得“温州地区，最早共产党员群体”等简明、关键的信息。

借助判断题，可根据事实，对情境、概念的合理性做出有效辨别。

场馆型题，有效发挥博物馆的实物、空间优势，增强动态体验。

延展型题，可以联系学校课程，延伸展览的文化内涵。

不同题型还可以存在一定的交集。

2.3 美术设计概述

“红色地名展”学习单的美术设计包括封面和内页，遵循了以下三点原则：一是整体色彩倾向以红色系为基调，饱和度较高，符合青少年审美偏好；二是要有给予青少年充分对象感的设计元素；三是创意趣味设计，增强吸引力，丰富内涵。

2.4 定稿

最终定稿的“红色地名展”学习单，对 28 个红色地名背后蕴含的革命史、创业史进行梳理融合，分四部分，分别是“观展贴士”“第一篇章 星火燎原”“第二篇章 民族解放”“第三篇章 勇立潮头”（图 1~ 图 4）。

观展贴士中介绍了展览简介内容特点，提示“z”字形参观路线；强调“展板 + 实物 + 辅助展品 + 影音”结合的观展方式；以党史中的重要阶段构筑时间轴，在一定程度帮助青少年构筑历史背景知识。

“党史中的浙江地名·温州篇”红色地名展

学习单

2021 年是中国共产党百年华诞。

瑞安博物馆特别推出“党史中的浙江地名·温州篇”特展，选取了温州各地的 28 个重要红色地名，以时间为经、地名为纬，生动展现在中国共产党领导下，温州地区的百年发展成就。

观展小贴士（非常重要）：

● 展览版面文字多、信息量大。建议观展时先熟悉党史的几个重要阶段（党的创建和土地革命时期：1921—1937；抗日战争、解放战争时期：1937—1949；新中国成立和建设发展时期：1949—2021），再深入品读展板文字，你会有更清晰的认识。
● 展柜布展顺序为 z 字形。开始参观后，请遵循 z 字形参观路线。
● 我们的答案大多在展板上面，请带着问题找答案哦。
● 在学习了解展览版面的同时，请不要遗漏展台展出的重要文件影响印材料和瑞博馆藏的革命文物，其中也可能有你想要的答案哦。
● 每道题前都有一段背景简述，请阅读。

1/5

图 1 “红色地名展”学习单观展贴士部分

（图片来源：瑞安市博物馆“红色地名展”配套教育课程）

第一篇章 ★ 星火燎原

初心如炬，新民觉醒。1924 年处于新民主主义革命（1919—1949）初期，红色星火点燃浙南革命火种，启燎原之势。

1. 温州最早的党组织是在哪里成立的，最早的共产党员都有哪些人？

2. 请根据展板内容，将下方的 4 个红色地名和在这里发生的历史事件、人物、历史意义匹配一下

新民小学	陈卓如	红十三军成立、建立军部	牵制敌人，在浙南宣传党的路线和方针
驮山	胡公冕 金贯真 陈文杰	温州独立支部成立	温州最早的党组织
五涑岛村	谢文锦 胡识因	驮山农民赤卫队成立	浙南武装反抗第一枪

1930 年 5 月，在渔潭村召开了中共浙南第一次党代表大会，成立中共浙南特委，并决定扩大红军力量，正式建立中国工农红军第十三军。但是在左倾思想错误指导和国民党清剿下，红十三军作战频频失利，浙南党组织也因此受到严重破坏。但是中国共产党人克服万难，逐步重建了浙南党组织。

3. 请根据本篇章的展板内容，按时间顺序，梳理、并连线重建浙南党组织过程

1932 年 2 月	白柯塆	浙南红军游击队
1935 年春	北港	中共浙南组织
1935 年 11 月	小南山	闽浙边临时省委、省军区
1936 年 3 月		重建浙南特委“发动农民暴动”

温独支诞生后积极宣传马克思列宁主义，以林去病、金缄三为代表的进步青年们于 1926 年在话桑楼成立中共瑞案小组，这是最早在瑞安建立的中共党组织。

4. 请在“星火燎原”篇章的展柜里找一找与金缄三有关的文物并记下来，希望在这次活动结束后，你可以更多去了解他的事迹。

2 / 5

图 2 “红色地名展”学习单“星火燎原”篇章
（图片来源：瑞安市博物馆“红色地名展”配套教育课程）

第三篇章★勇立潮头

在新中国诞生初期，面对仍然复杂的国内外形势，毛主席深刻指出，要充分动员人民，坚决依靠人民，进行人民战争。他主张必须在全国范围内，以民兵组织的形式，把能拿武器的男女公民武装起来。“海霞”就是在这样的背景下诞生的，1975 年，电影《海霞》上映，展现了沿海女民兵的风采。

7. 海霞村中的“海霞们”是如何战斗的?

* 延伸阅读：

七绝·为女兵题照
毛泽东
飒爽英姿五尺枪，曙光初照演兵场。
中华儿女多奇志，不爱红装爱武装。

电影《海霞》剧照

“温州模式”是指浙江省东南部的温州地区以家庭工业和专业化市场的方式发展非农产业，从而形成小商品、大市场的发展格局。改革开放初期，温州模式享誉全国，引起全社会的普遍关注。

8. 根据展板内容，对下方内容归纳连线

桥头镇	银行利率调整	农业生产责任制探索实践
燎原灶	纽扣等小商品销售推位集群	拉开金融体制改革序幕
金乡镇	定额利丘，责任到人（户），三包到队，统一经营	“温州模式”发祥地

4/5

图 3 “红色地名展”学习单“勇立潮头”篇章（4/5）
（图片来源：瑞安市博物馆“红色地名展”配套教育课程）

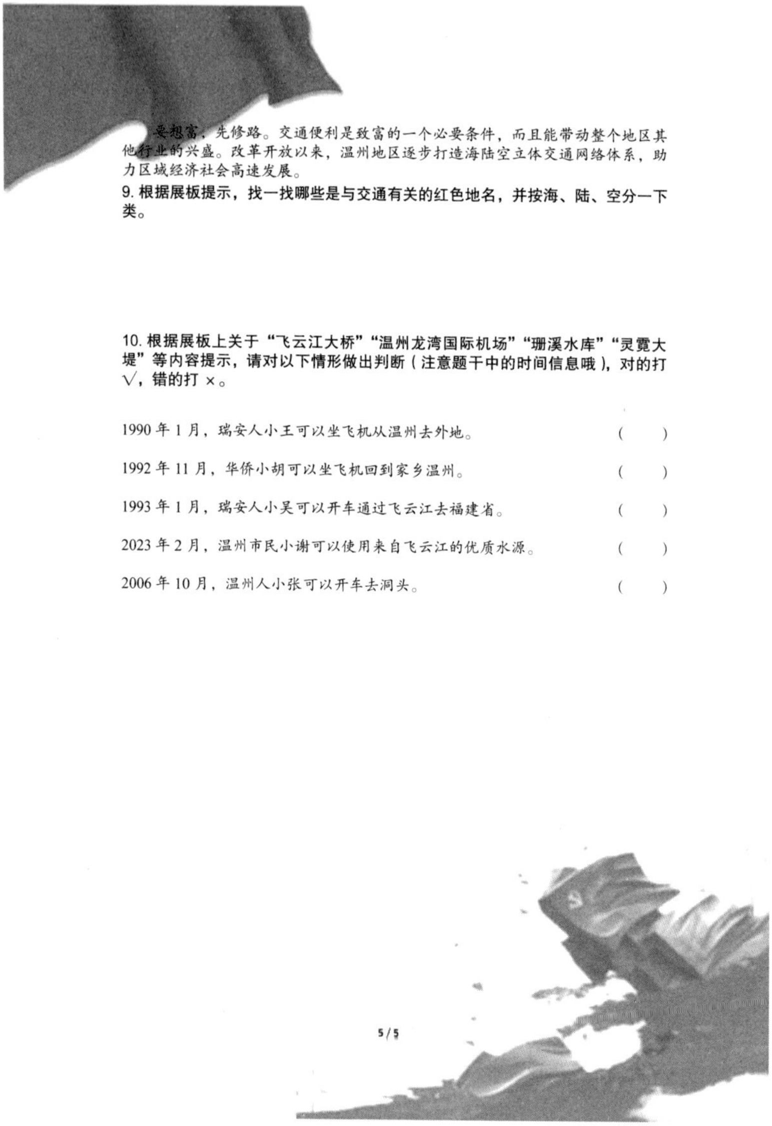

要想富，先修路。交通便利是致富的一个必要条件，而且能带动整个地区其他行业的兴盛。改革开放以来，温州地区逐步打造海陆空立体交通网络体系，助力区域经济社会高速发展。

9. 根据展板提示，找一找哪些是与交通有关的红色地名，并按海、陆、空分一下类。

10. 根据展板上关于“飞云江大桥”“温州龙湾国际机场”“珊溪水库”“灵霓大堤”等内容提示，请对以下情形做出判断（注意题干中的时间信息哦），对的打√，错的打×。

1990 年 1 月，瑞安人小王可以坐飞机从温州去外地。（　）

1992 年 11 月，华侨小胡可以坐飞机回到家乡温州。（　）

1993 年 1 月，瑞安人小吴可以开车通过飞云江去福建省。（　）

2023 年 2 月，温州市民小谢可以使用来自飞云江的优质水源。（　）

2006 年 10 月，温州人小张可以开车去洞头。（　）

5/5

图 4 “红色地名展”学习单“勇立潮头”篇章（5/5）
（图片来源：瑞安市博物馆“红色地名展”配套教育课程）

优化导览题目，精简题型，以连线题为主，辅以画图题和判断题；精要内容，突出重要知识点，留出更多自主思考的空间；改变提问方式，以使题干更易于理解；简化解题方式，答案更直观，可直接在展板、展品中获得；加强与场馆、实物的联系，增强在场馆中的动态体验。导览题目如表 1 所示。

表 1　导览题目汇总

题目主要内容	题型	涉及知识点
温州地区最早的共产党员有（　　、　　、）等人	知识型填空题	温州地区最早的共产党员群体
匹配新民小学、驮山、五涞鸟村的事件、人物信息	知识型连线题	温州地区，党组织诞生
寻找革命文物“金缄三烈士致志廉的信函”	场馆型观察题	金缄三烈士事迹
梳理重建浙南党组织过程	知识型连线题	浙南党组织遭受破坏，并艰难重建的过程
找一找与刘英烈士有关的瑞安红色地名	场馆型寻找题	刘英烈士事迹，瑞安红色地名
画出浙南革命斗争中“农村包围城市”的格局	知识型填色题	红色地名“板寮”、人民解放军浙南游击纵队、浙南革命斗争格局
寻找革命文物“1937 年进步刊物《学光》”“郑贤塘同志使用过的钢笔”等，了解学生爱国运动	场馆型观察题、延展题型	“百年青运跟党走” 了解不同时代，青年的历史使命
匹配燎原社、桥头镇、金乡镇的各项变革创举、历史意义	知识型连线题	温州地区经济体制改革的创举
洞头岛海霞村“海霞”们的事迹（　　、　　、　　）	知识型填空题	温州地区新中国成立初期国防建设
在交通领域，按海陆空归纳红色地名	知识型连线题	社会主义建设发展时期，共产党员克服万难谋出路的胆识和魄力
根据史实，判断题干中交通出行情形的合理性	知识型判断题	交通发展带来的社会巨变

美术设计上，内页左上方、右下方以飘动的红旗一角和党旗雕塑作为背景底图，形成呼应关系。封面整体基调为红色，以白色标题增加对比度；最上方是“庆祝中国共产党成立 100 周年”专用标志；右下方是电影《闪闪的红星》中主角“潘冬子”手绘形象，以期拉近与青少年的心理距离；画面底部融合了金色飘带、国土边疆、长城等意象设计元素的党史时间轴，寓意“百年征程”；以“1948 年 12 月 1 日出版《浙南周报丛刊》第一号刊油印期刊”等馆藏革命文物的影印图为背景底图，丰富封面的画面层次（图 5）。

图 5 “红色地名展”学习单封面

（图片来源：瑞安市博物馆“红色地名展”配套教育课程）

3 课程实施:“红色地名展”学习单的应用

为实现配套教育课程“红色地名耀百年征程”落地，围绕学习单设计配套导览，使学习单成为连接展览、课程的纽带。导览内容是课程实施的直接文本，导览词质量影响着教学目标有效达成，因此要从挖掘红色地名内在关联、展板实物结合、联系书本知识等三方面着笔，撰写课程文本。图 6 为师生参观“红色地名展”课程照片。

图 6 师生参观“红色地名展”课程现场
(图片来源：瑞安市博物馆“红色地名展”配套教育课程)

3.1 挖掘红色地名内在关联

“红色地名展”文本内容以红色地名为纲集中讲述在本土发生的革命事件和涌现的革命英烈。但是，每个红色地名都不是孤立存在的。因此，导览词要有聚焦地方、联系中央的视野，在厘清时间节点、红色地名、重要革命人物和武装斗争力量、重大历史事件的基础上，还要参考时代背景、同一时期全国范围革命斗争情况、党中央的战略部署，以梳理红色地名的内在承接关系，从而更完整、清晰地呈现温州的百年党史脉络。

讲稿片段示例

初心如炬，新民觉醒。现在我们走进“星火燎原”篇章，这一部分的时间段是 1921—1937 年，主要反映浙南党组织的诞生和初期斗争失败后艰难的重建过程。

浙南革命的胜利专列的第一站，我们从新民小学出发。1924 年，新民主主义革命初期，中共中央派遣谢文锦回到家乡温州筹建党团组织。同年 12 月，温州独立支部在新民小学成立，推选胡识因担任第一任书记。自此，红色星火点燃浙南革命的火种，开启燎原之势。

1927 年第一次国共合作失败，蒋介石发动“四一二”反革命政变，使革命事业落入低潮，党组织受到严重破坏，大量共产党员惨遭杀害。同年 8 月 7 日，在事关党和革命事业前途命运的危急时刻，中共中央在武汉召开著名的八七会议，确定了土地革命和武装斗争的总方针，提出“枪杆子里出政权”的论断，及时地指明了革命斗争的方向。

接下来我们到达第二站——咱们瑞安塘下镇的驮山。瑞安塘下镇的进步青年陈卓如根据党的指示来到驮山，积极发展党组织。1928 年春，陈卓如和瑞安第一任县委书记林去病以自己家为据点，领导农民开展“闹米荒”斗争。后来，越来越多的农民革命热情高涨，纷纷“拿起镰刀作武器”，加入农民起义军，打土豪、抗租税、建农会。这些斗争力量慢慢地集结，4 月，驮山赤卫队正式建立，这是浙南第一支农民武装斗争队伍，成为红十三军建立的重要基础。

上述讲稿片段主要讲述“新民小学”“驮山”这两个红色地名，联系了“温州独立支部”、温州和瑞安最早的共产党员群体、浙南农民武装斗争力量等知识点。厘清 1921—1928 年期间重要革命人物、重大历史事件的关联，把地方的革命斗争置于新民主主义革命初期和第一次国共合作失败的时代背景下，联系在八七会议上提出的土地革命和武装斗争的总方针，找出两个红色地名的内在关联。

3.2 展板实物相结合

实物是博物馆一切活动的基础和出发点。收藏和利用实物构成了博物馆的本质特征。[3]实物性给博物馆教育活动带来无可比拟的优势。博物馆是“观察、接触、参与”的教育设施，是运用5种感官培育丰富感性的教育现场。[4]

讲稿片段示例

温州独立支部在新民小学诞生后，积极宣传马列主义，发展党组织和党员。受到影响的瑞安进步青年林去病、金缄三等人，1926年在瑞安的话桑楼，成立瑞安特别支部。林去病担任第一任书记，这是瑞安最早诞生的党组织。这里要向同学们介绍一件革命文物“金缄三烈士致志廉的信函”。大家可以一起阅读一下信的内容。

这封信写于1928年，时值荒年，饿殍遍野，金缄三烈士时任中共瑞安临时县委委员。他以桐浦小学教师的身份为掩护，积极开展土地革命斗争和农民运动，发展党组织、农会会员。

收信人志廉，他是《瓯海公报》的一名记者。金缄三烈士希望通过记者的妙笔，呼吁民众觉醒，反抗土豪劣绅统治。

上述讲解片段中，由红色地名“新民小学”和温州独立支部诞生，延伸出瑞安党组织创建情况，联系学习单中对于革命文物展品的观察分析任务，介绍革命文物“1928年金缄三给志廉的信函”，讲述金缄三烈士的事迹和信札背后的故事，实现由虚而实，由文本向实物的转变、进阶。

3.3 联系历史学科知识

“红色地名展”配套教育课程“红色地名耀百年征程”，是依托瑞安市博物馆和瑞安市仙降中学的共建项目，是馆校课程的一部分，课程实施中联系学科书本知识，符合建构主义教育心理学理论，帮助学生在已有的基础上，拓展知识面。

讲稿片段示例

“民族解放”篇章，时间段是1937—1949年，首先我们来到“山门”。山门被誉为“浙南延安”，是中国工农红军挺进师的主要活动区域。抗日战争爆发后，中国工农红军挺进师各部从其他游击区赶来山门集结，改组为“国民革命军闽浙边抗日游击总队”，创办“闽浙边抗日救亡干部学校”，培养青年干部。

为了民族的独立解放，不仅有共产党员的抛头颅洒热血，还有深受革命先辈感召的爱国学生投身抗日救亡活动。接下来我们可以看一组与学生运动有关的文物。

此次研学夏令营名为“学光”，来自眼前的展品“1939年进步刊物《学光》”。《学光》是瑞安一群爱国学生编印、宣传抗日救亡和进步思想的刊物。本次展览中展出的是温州目前仅存的2册该杂志。

第三期《学光》的扉页上是一幅学生在日历前沉思的插图，标题是《继续“八一三”的精神》，左边是《怎样纪念伟大神圣的“八一三”？》一文。1939年8月13日，是抗日战争中第一场大型战役淞沪会战的两周年纪念日，第三期《学光》是“淞沪会战”的纪念专刊，意在唤醒民众。

再来看第四期。从目录来看，这期发表了《斗争的中国青年》《战时农村》《暑期工作检讨》《我们的歌》《热情的心》等作品，既探讨时局，又着眼于学生个人生活，内容丰富。[5]

学光，寓意着学生是国家未来之光。旧社会的学子们为民族独立解放奋不顾身，甘洒热血；愿年轻一代的你们，在今后的求学生涯中拼搏奋进、志存高远。

上述片段介绍红色地名“山门”、展品“1939年进步刊物《学光》”，联系历史课程中“红都延安”“中国工农红军”“抗日救亡”“五四青年运动”等内容，以及学习单中“进步青年救亡图存运动”知识点，触发学生共鸣，以期青少年认识到不同时代的青年有各自历史使命，要立鸿鹄之志，展骐骥之跃。

4 课程评估

“红色地名展”配套教育课程约有31名中学生参与。在课程尾声，笔者对学习单完成情况进行统计（表2），开展了分享交流环节。

表 2 学习单完成情况汇总表

题目主要内容	完成人数 / 占比
温州地区最早的共产党员有（ 、 、 ）等人。	29（93%）
匹配新民小学、驮山、五洓乌村的事件、人物信息	30（96%）
寻找革命文物“金缄三烈士给志廉的信札”	9（29%）
梳理重建浙南党组织过程	31（100%）
找一找与刘英烈士有关的在瑞安的红色地名	26（83%）
画出浙南革命斗争中“农村包围城市”的格局	29（93%）
寻找革命文物“1939 年进步刊物《学光》”等，了解青年爱国运动	25（80%）
匹配燎原社、桥头镇、金乡镇的各项变革创举、历史意义	31（100%）
洞头岛海霞村“海霞”们的事迹有（ 、 、 ）	15（48%）
在交通领域，按海陆空归纳红色地名	20（64%）
根据史实，判断题干中交通出行情形的合理性	21（67%）

研学结束后，笔者与校方指导老师与同学们进行交流，以期获得配套教育课程中学习单的评价（表 3）。

表 3 受众意见反馈表

访问对象	反馈意见总结
初一新生	1. 需要以小组为单位完成； 2. 题目难度较大
在校生	1. 基本可以独立完成，有的题目需要讨论； 2. 连线题数量设置合理，节省信息获取的时间
应届毕业生	1. 可以独立完成； 2. 通过使用学习单配合听讲解，能有效率地获得展览的关键信息； 3. 和历史课本内容有联系，已有知识具象化，对家乡有更深认识

续表

访问对象	反馈意见总结
校方老师	1. 由于尚未正式开始历史学习，对红色展览接触较少，完成“红色地名展”学习单对初一新生有难度； 2.“红色地名展”学习单与现行的中学生历史课程内容有一定联系，更好地帮助青少年学习红色历史； 3. 配套讲解区分学习单和考试试卷，让学生摆脱应试压力，强化培育核心素养的理念

5 结语

综上，在“红色地名展”配套教育课程“红色地名耀百年征程”的实践中，学习单对于课程落地施行、引导参观、获取信息、帮助青少年理解展览思想、实现课程目标，有积极推动作用。“红色地名展”学习单也存在一定局限性。一是由于篇幅有限，对青少年学习给养的提炼有所取舍，未能完整呈现整个展览内容框架；二是未能与现行中学生的历史课程标准完美衔接；三是未能充分实现分龄化教育的目标，兼顾认知差距，导致少数题目的完成情况不理想；四是应用范围较小，学习单在红色展览配套教育课程实践探索需要进一步扩大、深入。

姜扬，瑞安市博物馆

参考文献

［1］欧阳奇. 抓好青少年学习教育 让红色基因代代传承（新知新觉）［N/OL］人民日报，2021-07-07（9）.［2024-03-10］.http://paper.people.com.cn/rmrb/html/2021-07/07/nw.D110000renmrb_20210707_3-09.htm.

［2］新华社. 中共中央办公厅印发《关于在全社会开展党史、新中国史、改革开放史、社会主

义发展史宣传教育的通知》[EB/OL] .（2021-05-25）[2024-03-10] .https://www.gov.cn/zhengce/2021-05/25/content_5612097.htm#:~:text=%E8%BF%91%E6%97%A5%EF%BC%8C%E4%B8%AD%E5%85%B1%E4%B8%AD.
[3] 严建强. 博物馆与实物 [J] . 中国博物馆，1999（2）：22-26，17.
[4] 水嶋英治. 走进博物馆：迈向博物馆学专业的 5 堂必修课 [M] . 蔡世蓉，译. 台北：原点出版社，2010.
[5] 俞岳秋. 俞天舒诗文选集 [M] . 香港：天马出版有限公司，2001.

以红色展览为核心的博物馆地方特色红色课程体系的培育研究

以九江市博物馆"共和国英烈方志敏特展"为例

熊晓昙　李　娴

搭建以红色展览资源为核心的博物馆地方特色红色课程体系是博物馆青少年红色教育的新趋势，在中小学学科教学中巧妙地开发和运用博物馆红色展览资源，创新教育方式，增强校本课程的吸引力、说服力，达到增强教学实效、激发爱国主义激情、培养社会主义核心价值观的目的，对于弘扬红色文化、提高学生思想政治水平、促进红色文化发展的双向互动具有重要现实意义。现阶段，博物馆地方特色红色课程体系的培育还在教育理念和实际操作等诸多方面存在问题。鉴于此，本文以"共和国英烈方志敏特展"为例，就中小城市博物馆红色展览资源在展教结合、馆校合作、馆本和校本双联动中的开发和运用，分享博物馆地方特色红色课程体系培育的几点经验借鉴，以此抛砖引玉。

1 地方红色展览作为课程资源的三个特征

地方红色文化资源，是指以地方红色历史（地方革命历史、革命文化、革命事迹和革命精神的总和）为教育内容，从学术研究、陈列展览、宣传教育、文创开发等多角度为观众提供地方红色文化教育服务的资源总称。

近年来，国家文物局、教育部多次联合发文，推动博物馆教育资源与中小学教育结合发展工作，红色文化作为博物馆教育与学校教育的重要组成部分，红色展览与中小学教材课程结合的关注度也迅速升温。

以红色展览为核心的博物馆地方特色红色课程体系，指地方红色历史以展览的方式与学校课程资源相结合所形成的一种以地方红色资源为特色的红色课程体系，集思想性、文化性和现实性等特点于一体，具有内容丰富、直观性强、感染力强三大特征。

2 九江地区红色展览资源开发与利用问题

目前，中小城市地方红色文化主题展览均存在“重展示方式，轻教育效果”“重史实罗列，轻教育研究”“重通史教育，轻地方特色”等问题，“作为教育体系中的一部分，地方特色教育课程也具有自身的逻辑性和规律，且更需要有规范的管理和科学的规划。离开对其规律性的把握，地方性特色课程的开展只能陷入随意性和无序性的误区”[①]。

江西省内中小型博物馆、纪念馆虽然拥有得天独厚的红色文化资源，但在红色展教课程研发应用方面专业化程度却较低。具体有以下几个方面问题。

（1）红色展览教育资源的实践研发与应用不足，缺乏全局观，无长期研发应用规划。

大部分馆校合作没有建立长期合作机制，未能形成展教结合、馆校合作、

① 刘斌:《河南高校和中小学在民间艺术类特色课程体系培育中的联动模式研究（2013-JSJYYB-110）》，河南省教育厅一般项目、河南省教师教育改革研究项目资助。

馆本校本双联动的良性发展循环，博物馆教育中红色展教课程的内容和要求，也没有形成理论与实践相结合的多层次、全方位的教学模式。

（2）馆本课程现场实践教学形式单一，教育效果不理想。

红色展览中红色文化内涵挖掘不够、展览相关红色文化资源挖掘不够，所以空泛的讲解说教的震撼力和吸引力不大，不能满足中小学生的求知欲望，难以达到理想和信仰教育的目的。

（3）历史与现实脱节，缺乏情感共鸣。

传统的博物馆红色文化展览侧重于“历史物质证据收集、保存和展现”[1]，多注重历史的回顾和讲述，缺乏与现实的对接，以及对现实问题的思考，教育方式相对单一；而以红色展览为核心的博物馆地方特色红色课程体系的研发利用，恰恰应以“传承红色基因、赓续红色血脉”为目的，必须更贴近未成年人的认知水平，与课本教育资源充分结合，导入课程教育理念，更多地关注红色展览的教育实效，转变当前博物馆青少年红色文化教育中自上而下的传播与教育方式，增强未成年人对红色文化、红色血脉、红色基因的认同感。

3 “共和国英烈方志敏特展”配套红色课程体系的体系框架和研发应用

3.1 地方特色红色文化资源的深度利用

习近平总书记指出：“问题是创新的起点，也是创新的动力源泉”，只有不断开创新视角、融入新理念，才能最大化实现红色展览的教育功能。“传承是最好的纪念，发展是最深的告慰。”[2]

九江区域内的红色文化资源以“秋收起义”为标杆，周边红色文化资源以“八一起义”为典型，九江市本级红色文化资源则在影响力方面均有所欠缺。方志敏烈士在九江这片土地上曾留下许多战斗印记，是九江市本级最具代表性的革命人物。

方志敏是在九江南伟烈学校（今九江同文中学）求学期间接触并坚定共产

主义信仰的，在九江拥有广泛的群众认知基础；无论是大家耳熟能详的《可爱的中国》《清贫》手稿等革命文物，还是狱中委托鲁迅向党中央转交文稿的感人故事，都是红色教育极好的切入点，且教育延展性很强。

特展由“探索拯救中国道路——从爱国学生到职业革命家”“唤起工农千百万——农民运动的杰出领袖”“血染东南半壁红——闽浙赣革命根据地和红十军的创建者”“终将热血化英魂——坚贞不屈、以身殉志”“崇高品格永垂青史——中国共产党人的光辉典范”5 个单元组成，通过方志敏烈士狱中手稿影印件和 200 余张历史图片，诠释了方志敏不平凡的革命一生和“爱国、清贫、创造、奉献”的方志敏精神，有助于进一步传承红色基因。

3.2 课程体系建设规划

策展之初，九江市博物馆策展团队就与方志敏烈士陵园、江西省方志敏研究会、横峰县博物馆等方志敏红色文化机构展开深度学术合作，利用馆校共育平台，导入江西省特级教师顾问团队，规划了特展配套红色教育课程体系，研发其中的系列课程（图 1~4，表 1）。

从现实的角度来看，与时俱进地传承和发展红色文化，有利于在纷繁复杂的年代，培养未成年人国家认同感。方志敏精神不但是党和人民的历史财富，也是新时期培育未成年人的世界观、人生观和价值观的优质资源，充分体现了社会主义核心价值体系的本质。

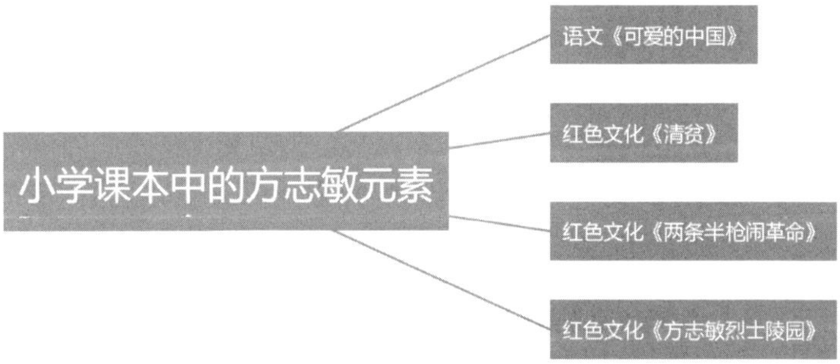

图 1 江西省小学教材中的方志敏元素

（作者绘制）

图 2 江西省义务教育地方课程教材
《红色文化》小学五、六年级
（作者拍摄）

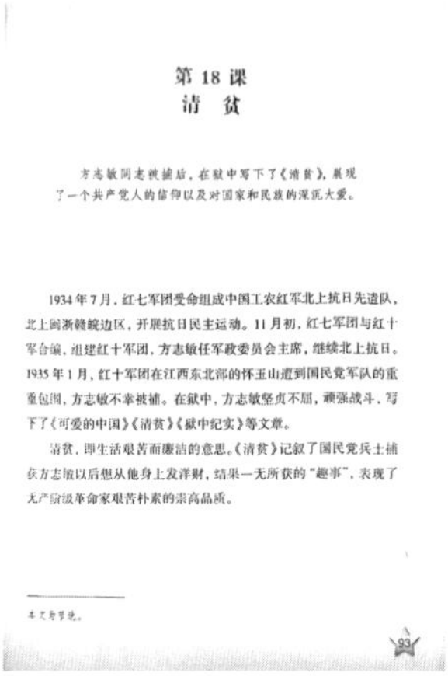

第 18 课
清 贫

方志敏同志被捕后，在狱中写下了《清贫》，展现了一个共产党人的信仰以及对国家和民族的深沉大爱。

1934 年 7 月，红七军团受命组成中国工农红军北上抗日先遣队，北上闽浙赣皖边区，开展抗日民主运动。11 月初，红七军团与红十军合编，组建红十军团，方志敏任军政委员会主席，继续北上抗日。1935 年 1 月，红十军团在江西东北部的怀玉山遭到国民党军队的重重包围，方志敏不幸被捕。在狱中，方志敏坚贞不屈，顽强战斗，写下了《可爱的中国》《清贫》《狱中纪实》等文章。

清贫，即生活艰苦而廉洁的意思。《清贫》记叙了国民党兵士捕获方志敏以后想从他身上发洋财，结果一无所获的“趣事”，表现了无产阶级革命家艰苦朴素的崇高品质。

本文有节选。

93

图 3 小学五、六年级《红色文化》
第 18 课《清贫》
（作者拍摄）

表 1 “共和国英烈方志敏特展”展教活动列表

序号	周期	展教方式	展教内容
1	先导预热期	网络宣推一	新闻通稿
2	高度曝光期	网络宣推二	百年前文物解历史迷云 方志敏烈士与九江同文
3		线上党史教育一	党史专题 1：方志敏建立九江第一个马克思主义研究小组
4		线上党史教育二	党史专题 2：方志敏两次上庐山
5		线上党史教育三	党史专题 3：方志敏与中共江西省二大
6		研学活动一	参观展览、馆本课程（各学校、研学团队）

续表

序号	周期	展教方式	展教内容
7	深度推广期	展教活动一	语文课:《可爱的中国》读书会(九江小学合作研发)
8		网络宣推三	方志敏烈士狱中作品摘选
9		展教活动二	红色文化课:《清贫》专题课(馆本可用)(九江小学合作研发)
10		网络宣推四	方志敏在九江南伟烈学校读书期间发表作品
11		展教活动三	美术课:《可爱的中国》书籍腰封设计(双峰小学合作研发)
12		展教活动四	实践课:红色小人书、红色手抄报(八里湖一小合作研发)
13		展教活动五	火种计划:红色文化进社区——方志敏作品红色手抄报(社区亲子版)
14		展教活动六	火种计划:红色文化进校园——红色展览宣传栏之共和国英烈方志敏(社区亲子版)(创文活动)
15		展教活动七	实践课:小学版画《共和国英烈方志敏》(九江小学合作研发)
16	文化持续期	展教活动八	火种计划:红色文化进军营——方志敏烈士事迹讲座及版画体验(建军95周年系列活动)(党员活动)
17		展教活动九	红色文化作品创作(小学和社区亲子版)

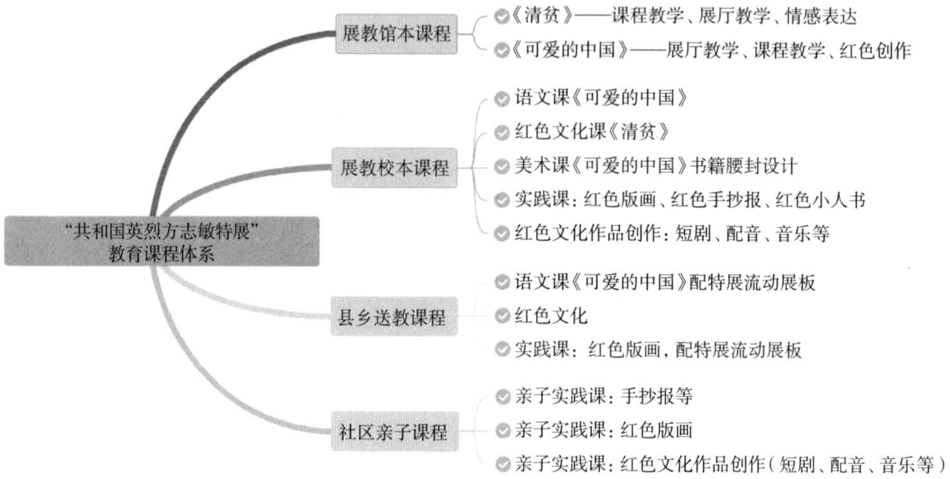

图 4 “共和国英烈方志敏特展”博物馆地方特色红色课程体系
（作者绘制）

可见，“共和国英烈方志敏特展”已形成与语文、红色文化、美术、实践等学科教育紧密结合、馆本校本双联动的跨学科博物馆地方特色红色课程体系。2022 年九江市博物馆“518 国际博物馆日系列活动”中，“红色文化”专题课《清贫》作为九博博物馆青少年教育品牌“青花学社”年度重点红色文化课程进行示范教学展示（“青花学社”入选 2020—2021 年度江西省第一批博物馆青少年教育精品课程）。

3.3 课程体系应用亮点

3.3.1 红色展览馆本、校本课程的创生价值

以《清贫》为例，该课程以展览为核心，以习近平总书记提到的读《清贫》时“受到启示、受到教育、受到鼓舞”为教育目标，围绕共和国英烈方志敏的英勇事迹，结合江西省小学语文课本、红色文化课本中的方志敏相关教材，充分利用展览资源、展品资源、中小学教材资源，通过“读《清贫》，声临其境说故事”“观展览，革命信仰我宣传”“看现代，致敬强国少年说”“颂祖国，抒发

情感来传承”四个部分，让同学们了解革命前辈前仆后继、英勇奋斗的事迹精神，认识新时代奉献精神的意义，激发青少年一代继承革命传统奋勇前行。

该课程分为馆本与校本两个部分，是九江市博物馆首次推出的展览与小学教材跨学科融合示范课程，也是首次以展教结合馆本、校本双课程弘扬革命文化的示范课程。

3.3.2 将红色文化基因融入课程教学

江西省小学教材中语文、红色文化等内容全部采用了方志敏烈士相关素材作为课程资源，形成融展览资源、教材资源、地方红色文化资源为一体的课程体系，在课程的建设与实施过程中，力争地方红色文化资源展览化、展览资源教育化，与教材资源进行深度融合，构建科学合理的博物馆地方特色红色文化课程体系。

以《清贫》的研发为例，我们可对展览资源进行筛选、重组，展览之外深度挖掘相关红色文化资源，比如联系方志敏烈士唯一在世的女儿方梅女士，向观看《清贫》的学子们发表视频寄语（图 5）。

图 5　方梅女士寄语视频截图

（作者自制）

3.3.3 将红色文化内化为学习动力

红色展览配套红色课程，与本馆品牌社教项目结合、与学校红色实践活动结合，潜移默化地将红色文化学习过程内化为学习的动力。

以《清贫》的研发为例，关于方志敏在九江投身共产主义事业的历史，课件中用到的同文中学（即南伟烈学校）现场视频素材有三种版本：一是社教讲师解读；二是同文校友方志敏研究会会长亲自解读；教学效果最佳的则是最后一种，由九江市博物馆“小小讲解员”品牌社教项目中表现优秀的红色传承人来解读，即将红色血脉、红色基因融入课程教学，激发学生的学习积极性，主动参加各类红色文化教育实践活动，培养知识和技能的灵活运用能力，多维度进行红色文化渗透与熏陶。

3.4 重点课程设计研发案例

“共和国英烈方志敏特展”配套馆本课程红色文化课《清贫》课程设计如表2所示。

表2 “共和国英烈方志敏特展”配套馆本课程红色文化课《清贫》课程设计

序号	教　师	学生	情境
第一部分　读《清贫》，激发学习情感（图6）			
1	播放《可爱的中国》	观影，铺垫革命时代情感	略
2	他是谁？能为大家介绍这位为国牺牲的英烈吗	简单地了解方志敏同志	
3	方志敏曾写过一篇文章，叫《清贫》，可能有的同学曾经阅读过，那么清贫是什么意思	预设1：清贫是清寒、贫苦的意思。 预设2：家境贫寒，生活贫苦	
4	翻开课本第99页的活动一，看看是谁多次读《清贫》	学生：习近平爷爷曾多次读方志敏烈士在狱中写下的《清贫》	

续表

序号	教 师	学生	情境
5	为什么日理万机的习近平总书记要多次读方志敏的《清贫》？清贫里讲述了一件“趣事”，是什么趣事？请看由少先队员们表演的课本剧	观看或现场表演课本剧； 学生结合语文课本分角色表演	略
6	习近平总书记曾深情地说：“我多次读方志敏烈士在狱中写下的《清贫》……”	请学生回答：什么是真正的穷和富？什么是人生最大的快乐？什么是革命者的伟大信仰？人到底怎样活着才有价值	
7	让我们走进“共和国英烈方志敏特展”，寻找答案	整理队伍，带上纸笔，牢记参观要求	
第二部分 观展览，寻找革命信仰（图 7）			
1	这里是九江市博物馆“共和国英烈方志敏特展”，马上开始的参观分为两个部分。首先，安静有序地跟随讲解员浏览，在课本的知识链接中讲到了《两条半枪闹革命》，这可是展览中重要的打卡点，要仔细聆听	略	
2	带着任务自由参观，老师这里有份空白的《清贫》报，里面的栏目有：①真正的穷和富；②人生最大的快乐；③革命信仰；④价值。 请根据主题选择展览中的句子或段落进行摘抄，感受方志敏烈士的爱国情怀	领取小板块和细记号笔	
3	摘抄活动马上开始，我们的自由参观时间为 10 分钟，老师会用手势无声提示，同学们一切行动听指挥，迅速且无声地在出口处集合队伍	摘抄	
4	集合，给 5 分钟补充完整，可以加上简单的感受	席地而坐	

续表

序号	教　师	学生	情境
5	选择佳作，刊登到手抄报。摘抄字迹工整；能简单表达感受	自我推荐，上台朗读	
第三部分　看当代，致敬强国少年说（图 8）			
1	星星之火可以燎原，这份报饱含了我们对方志敏敬爱之情。我想把它放这块儿特别的展区里（拉开红布，露出学生红色文化展品）		
2	方志敏的《清贫》在革命年代是伟大的信仰，在当下仍有十分重要的意义，我们的身边有“清贫”的人吗？来，请跟着我们的小小讲解员，寻找当代英雄	小讲解员、钟南山、袁隆平、张桂梅、牺牲在扶贫路上的修水县樊贞子夫妇等	
3	通过学习，对于清贫你肯定有了自己的深刻理解。让我们再回到习近平爷爷的话，认真地想一想，学习了方志敏的《清贫》、了解的当代的英雄，你肯定知道了什么是真正的穷和富，那么，参观完展览后，你想成为什么样的人？你找到了自己的答案吗	同学：我想成为……	
第四部分　同歌颂，抒发爱国情怀（图 9）			
1	谢谢孩子们，因为有了你们、因为有了他们、因为有了前赴后继的中国儿女，我们的中国才如此可爱。（出示方志敏《可爱的中国》）在狱中，方志敏不仅仅写下了《清贫》，还写下了《可爱的中国》。下面，老师想邀请同学们一起，和来自方志敏烈士家乡的横峰县少年们隔空合作一起朗诵这篇动人的篇章	准备好红色外壳的朗读单子，分角色朗诵	

图 6 馆本课程《清贫》第一部分“读《清贫》”（作者拍摄）

图 7 馆本课程《清贫》第二部分“观展览”（作者拍摄）

图 8 馆本课程《清贫》第三部分“看当代”（作者拍摄）

图 9 馆本课程《清贫》第四部分“同歌颂”（作者拍摄）

3.5 课程体系教育成效分析

为期两个月的展览期间，“共和国英烈方志敏特展”研发配套红色课程体系包括语文课 1 课时、红色文化课 1 课时、美术课 1 课时、手工课 1 课时、实践课 3 课时，馆本授课 3 场 / 周，共 22 场次，市本级校园授课 15 场次，县乡级送教送展 2 场次，已制作完成流动展板，撤展后将持续以流动博物馆的形式送教送展。

目前，红色文化课《清贫》已获得九江市小学红色文化优质课评比第二名，2022 年 7 月代表九江参加全省红色文化课程比赛。这是江西省内由地方博物馆主导研发的红色展览教育课程，首次在学校教育专业领域获奖。

我们在九江地区中小学中，推出“火种计划——红色文化进校园系列活动”，除线下馆本课程、校本课程授课，还充分利用云展示方式，通过江西省教育资源公共服务平台“赣教云”渠道，组织中小学师生参加云课堂学习。

策展之初，我们预计截至 2022 年底，特展系列云课程将播放 2 万次以上，考虑“赣教云”平台特殊性，学校组织播放一次即组织全班乃至全校同时收看，累计收看人数将超过 20 万人次，线上观展也将突破 20 万人次。

另外，实践课“鲁迅与方志敏——红色版画”，以展览中“狱中方志敏通过鲁迅向党中央传递文稿”的感人故事为切入点，导入展览中大量运用的版画元素，讲述近现代版画在中国革命文艺中的重要地位以及鲁迅对版画这一革命艺术的推动作用，并将方志敏创建红十军的版画内容与 2022 年 8 月 1 日开展的建军 95 周年特展“强军伟业”顺利衔接，后续将研发其展览配套的以人民解放军为主题、中国版画为特色的红色展览教育实践课程，形成九江市博物馆年度红色教育品牌实践课程系列——“九派大地上的红色版画”（图 10）。

图 10 “共和国英烈方志敏特展”中运用的版画元素（展览版面）

4 以红色展览为核心的博物馆地方特色红色课程体系培育的研发和运营的对策探讨

九江市博物馆虽然面临教育意识淡薄、红色文化学术资源不足、展教师资力量匮乏等现实问题，但作为省级爱国主义教育基地，策展团队一直积极发挥宣教阵地作用，创新学习载体，突破传统展览方式，培育博物馆地方特色红色文化教育体系，将特色鲜明、内容丰富的地方红色文化作为爱国主义教育的“活教材”，真正让未成年人发自内心地认同红色文化、认同红色基因、认同红色血脉。

4.1 几点对策

4.1.1 立足地方特色红色展览资源，挖掘中小学教育资源，有效渗透红色文化教育

红色展览以革命遗址、革命文物、革命人物以及具有强大生命力的红色精神为展示对象，博物馆地方特色红色教育课程体系的培育必须立足展览，充分挖掘教材资源，培养未成年人的红色革命精神和爱国主义激情。

以“共和国英烈方志敏特展”红色文化馆本课程《清贫》为例，指导学生以习近平总书记读《清贫》时的“三受到”为教学目标，摘抄展览中出现的符合教学目标的词句，并通过展厅内的展教活动展示分享，引导学生认识到方志敏精神是如何“启示、教育、鼓舞”习近平总书记的，从中学习方志敏不懈探索、不怕牺牲、努力奋斗的共产党员精神。这一互动学习过程，学习门槛低，趣味性强，但又需要认真听课观展才能完成现场作业，达到预期教学目标。

4.1.2 运用现代科技手段，实现地方特色红色文化资源互动，激发情感共鸣

借助视频、动漫等多媒体展示优势，可以将红色历史真实、具体、形象地展现在课堂上，让学生身临其境、感同身受，激活课堂氛围，调动学生的探究动机，增强学生学习红色文化的兴趣。

以《清贫》为例，我们以《方志敏英勇就义》《方志敏与九江》《被捕时身无分文》《两条半枪闹革命》《牺牲在扶贫路上的修水扶贫英雄樊贞子夫妇》《以医护人员群体为主的抗疫中的英雄群像》等感人至深的视频片段，串联起整个课时，通过视频还原场景，层层深入地引导学生，直至最后与方志敏家乡横峰县的当代少年们隔空“同歌颂”《可爱的中国》，达到课程的最高潮。这一课程不仅拉近了历史与学生实际生活的距离，而且唤起了学习的动机和愿望。

4.1.3 围绕红色展览，整合地方特色红色文化资源，开展多样化实践教学活动

实践体验是实现教育资源转化的最有效途径，博物馆红色文化教育要注重整合资源，开展多样化的实践教学活动，让学生在轻松愉快的实践活动中，潜移默化地接受并高度认同红色文化、红色血脉、红色基因，帮助他们树立正确的人生观、价值观和世界观。

以《清贫》为例，馆本与校本课程均导入美术课、手工课以及实践课环节，小学三年级至六年级同学对红色小人书（图 11）、红色手抄报等实践课程的积极性非常强。九江小学的学生集体作品正在代表本市参加全省童心向党红色绘画作品大赛。

图 11　九江小学四年级学生学习成果——红色小人书

（作者拍摄）

通过对“共和国英烈方志敏特展”相关红色资源的深度挖掘，以及在中小学红色文化教育资源的研发和运用探索，改进红色展览的教学方法和手段，实

现了“史实学习与实践教育相结合、学科教育与思想教育相结合、博物馆教育与学校教育相结合”的三结合目标，深化了未成年群体对地方特色红色文化的认知和理解，培养了社会主义核心价值观，使其从思想上认同红色基因、红色血脉的传承人身份。

4.2 具体措施

以“共和国英烈方志敏特展”配套博物馆地方特色红色课程体系的培育研究为起点，逐步完善九江市博物馆以地方红色文物、红色历史为核心，通过展教结合、馆校合作、馆本校本双联动建立的地方特色红色课程展教新模式，后续要加强以下几方面。

4.2.1 搭建馆校共育平台，强化馆校合作机制

博物馆和学校作为我国文化、教育事业的基本单位和典型代表，应当结合各自领域的专业经验，就馆校合作中的沟通机制、资源利用、课程开发、项目共建、教师培训等事项，建立长效、联动、互助互补的合作机制，通过馆校共育平台，深化馆校联动，传承红色基因。

馆校合作“文教合一”的形式，是国家文物局、教育部多次联合发文提出的文教融合发展趋势，如何借助馆校共育平台，深挖本地红色文化资源，将红色展览及其配套红色文化教育课程以送教送展送文化进校园的方式进行推广，更好地推动博物馆教育公共文化服务、城乡教育资源均衡化发展，是新的时代背景下，博物馆应当主动思考，并且和学校长期深入合作探索的一个重大问题。

加强博物馆教育与学校教育的高效合作，既是“双减”背景下学校开展素质教育的需求，也是博物馆纳入国民教育体系中的重要一环。馆校应继续推进博物馆红色展览教育课程长期系统化、品牌化运作，继续搭建馆校共育平台，促进博物馆红色展览与学校教育资源整合，创新博物馆红色教育项目，共同培养博物馆红色展览教育课程专业师资团队，推动以红色展览为核心的博物馆地方特色红色教育课程体系的研发和应用，展教结合，馆校合作，教研联动，共同发展。

馆校结合“送教送展到县乡”活动、“赣教云”云课堂等渠道合作开发“博物馆红色展览教育课程体系”，搭建起博物馆教育资源和中小学教育资源联系的重要桥梁，对促进馆藏资源向教育资源转化、红色文化遗产保护与活化利用、博物馆教育资源向贫困地区倾斜、教育资源均衡化都具有非常重要的意义。

4.2.2 培养讲师团队

当前，九江市博物馆红色展教课程研发和应用讲师团队存在系统性不足、培训内容与方式存在局限性、缺乏管理保障等问题。

馆校合作师资培训既是当前“双减”背景下博物馆教育实践的一个方面，也是博物馆学术研究的新领域、新空间。博物馆红色展览只有紧密结合中小学课本教育专业研发课程，加强博物馆教育师资团队的建设，才能克服博物馆红色展览教育专业人才培养与博物馆红色展览教育工作需求脱节的现象。馆校合作培养讲师团队，不但可以逐步解决博物馆红色展览配套红色教育课程研发和应用师资不足的问题，而且将在多个博物馆学术空白领域形成多个跨学科课题。

因此，我们必须从以下几个方面入手解决师资问题。

4.2.2.1 确立培训项目

开发博物馆红色展教课程研发人才培训项目，强化成功经验，邀请文博及教育行业专家建立博物馆红色展览教育课程研发人才培训机制。

4.2.2.2 扩大培训范围

面向本馆职工、各县市博物馆在职员工、中小学老师、参加高校思政实践的大学生、社会面志愿者等 5 个主要群体进行培训，培养一批博物馆特色红色课程体系讲师团队。

4.2.2.3 丰富培训内容

除研发技能培训外，还应增设教学技能、科研素养等培训内容，对博物馆红色展览教育课程研发骨干力量，更应注重培养其独立完成教学与科研课题的能力，从而促使师资利用的最大化。

4.2.2.4 创新培训模式

除传统进修班、研讨会、成果交流会外，培训还可以积极采取演讲式、辩论式、项目合作式以及案例分析式等方式，借鉴高校课题开发的先进做法，运用现代培训模式，寓教于乐，调动参培人员的积极性，增强培训效果。

4.2.2.5　完善培训管理与配套保障机制

博物馆红色展览教育课程研发人才培训是一项系统工程，不但需要科学规划、指定有效的培训方案，更需要进行科学有效的培训管理；同时在取得一定培训成果的基础上，其还应为中小城市博物馆红色展览教育课程研发提供一些创新思路和经验借鉴。

4.2.2.6　建立科学有效的培训评估体系

对参培老师博物馆红色展览教育课程研发能力进行综合评估，对相关项目和文字材料认真审核，实时跟踪培训后的课程研发和科研工作情况，从博物馆红色展览教育课程研发素材选用、课程设计、课件制作、项目规划、教学方法、学生满意度等方面入手，开展更见成效的评估。

4.3　完善课程研发和服务体系

红色展览配套红色教育课程体系的研发和应用是一项长期的系统性工作。随着展教结合、馆校合作、馆本校本双联动建立的地方特色红色课程展教新模式的应用推广和讲师团队的持续培养，博物馆需要结合“建军 95 周年”“建团百年”“喜迎二十大”等重大主题，创作一批红色展览教育课程的推广内容，进一步规划并完善课程研发和服务体系，提升课程质量。九江市博物馆红色展览配套展教体系规划如图 12 所示。

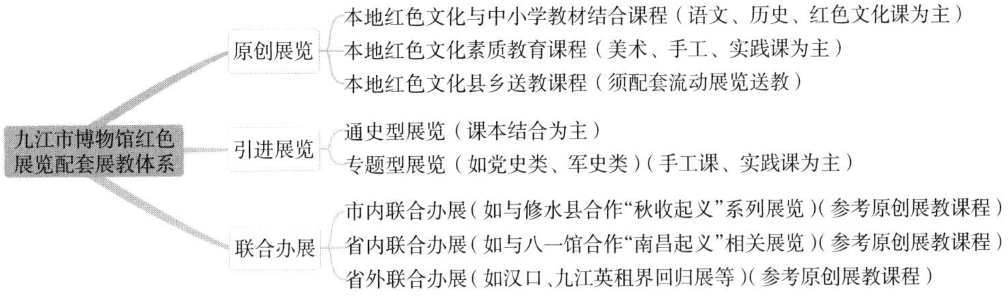

图 12　九江市博物馆地方红色展览配套展教体系规划——以展览为主线

（作者绘制）

4.4 拓展红色课程终端展示渠道

通过江西省教育资源公共服务平台“赣教云”、九江市博物馆公共文化服务公众号“九派云”等馆、校多媒体教育渠道继续红色展教课程教学推广，充分利用“九派云·文博角”、流动展览等终端展示资源，持续推广线上教育二维码，同时引入社会力量，借用九江市创文资源，拓展云课堂发布渠道，推出如“公交车上听《清贫》”“和爸爸妈妈一起看《可爱的中国》”等不同主题不同形式线上课程。

5 结语

以红色展览为核心的博物馆地方特色红色课程体系，本质上就是打破固有展览、宣教、学校教育的界限，将红色文化教育环境全面打通，立足地方特色红色文化资源和中小学学校教育，引导学生通过红色教育课程进行教育和自我教育，在“大展教”“大课堂”中学习，提升学习的广度和深度，增强学习的感染力和实效性，高效率完成红色知识积累，积极主动接受红色文化思想教育，吸收和运用红色实践经验。

本次课程体系建设采用了包括体验式、实证式等教学方法，探讨“共和国英烈方志敏特展”红色课程体系研发的理论与实践应用。在探讨的基础上，以设计展教实践中的问题、学生教育体验为导向，进行针对性分析，完成一套可复制的红色文化展览教育课程设计思路，为地方特色红色课程体系的形成与发展规划提供理论与实践支持，为发展地方特色红色展教品牌积累经验。

本文以此为例，就中小型地方博物馆红色展览资源在展教结合、馆校合作、馆本和校本双联动中的开发和运用，如何培育博物馆地方特色红色课程体系提出一些建议，抛砖引玉。

熊晓昱，九江市博物馆；李娴，九江小学

参考文献

[1] 单霁翔. 探讨社区博物馆的核心理念（上）[J]. 北京规划建设，2011（2）：94-98.

[2] 鹿心社. 在江西省纪念井冈山革命根据地创建90周年会议上的讲话[J]. 江西日报，2017-10-10（A01）.

浅论博物馆红色展览的教育传播目标与路径

以“红色印记 1921—2021：潮起钱塘”展览为例

沈欣宁

博物馆是传承红色文化与开展红色教育的重要阵地，在红色教育谱系中有着覆盖面广、体验性强、富启发式等特点。从上述特点出发，本文提出博物馆红色展览具有展览展示、红色资源展示、红色文化宣传和核心价值观塑造等共性教育传播目标，并以2021年度全国博物馆十大陈列展览优胜奖获奖项目“红色印记 1921—2021：潮起钱塘”为例，从展览叙事、展览展陈和展览传播等方面分析博物馆红色展览的教育传播路径，旨在探讨博物馆如何围绕陈列展览这一核心教育载体，阐释传播红色文化价值，进一步激发红色文化的时代生命力。

博物馆是保护和传承人类文明的重要殿堂。近年来，随着党和国家对文博事业的关注，博物馆成为新时代下坚定文化自信、推动社会主义文化繁荣兴盛的重要阵地，应主动承担起传承弘扬优秀传统文化与社会主义核心价值观的职责与使命。作为博物馆最核心的展示教育载体，陈列展览是连接博物馆文物资源与社会公众的桥梁，也是博物馆实现其社会功能的主要方式。[1]2018 年，中共中央办公厅、国务院办公厅印发《关于实施革命文物保护利用工程（2018—2022 年）的意见》，要求提升革命文物展示水平，创新革命文物传播方式，明确提出要坚持有址可寻、有物可看、有史可讲、有事可说，着力策划打造主题突出、导向鲜明、内涵丰富的革命文物陈列展览精品，做到见人见物见精神。2021 年，全国文博系统积极响应党中央“党史学习教育”主题活动要求，围绕“庆祝中国共产党成立 100 周年”这一主题，推出了大量红色主题展览和红色教育活动。各个文博场馆变成了沉浸式的党史学习教育课堂，通过整合利用革命文物资源，阐释传播红色文化价值，进一步激发了红色文化的时代生命力。

本文将以 2021 年度全国博物馆十大陈列展览优胜奖获奖项目“红色印记 1921—2021：潮起钱塘”（下文简称“潮起钱塘”）为例，从策划角度分析探讨博物馆红色展览的宣教目标和实现途径。

1 红色主题展览在红色教育中的特点

陈列展览是我国博物馆进行社会教育、传播信息、提供审美欣赏和科学研究提供参考服务的主要工作方式。《中国博物馆学基础》列举了举办每一个博物馆陈列展览都必须遵循的原则，其中第一项就是要有先进的思想性和鲜明的时代特点。具体到博物馆的红色展览，多指以革命历史文物、时代见证物为陈列展示内容，以革命历史、党史、社会主义建设史、改革开放史等为阐述主题的陈列展览。与文学、宣讲、演绎等这些常见的红色教育相比，红色展览因受众对象、呈现载体以及信息传播方式的不同，在红色教育中而呈现出以下特点。

1.1 真正意义上的全民教育

红色教育的目标是通过开发利用红色资源，推进社会主义核心价值观的实践，其出发点和落脚点必定是每个社会成员。但在实际实施中，传统的红色教育还是以学生、党员干部和军队、行政体制内人员为主要受众对象，在大众传播视域下，其内容的限定性也只能吸引一部分人群的主动关注，很难真正覆盖全部的社会群体。博物馆是开放的公共文化场所，参观者来自各行各业，年龄跨度大，受众具有多样性。在近年来文旅融合发展的趋势影响下，越来越多的公众将博物馆作为旅游目的地，很多人到馆有着明确的参观目标，也有很多人抱着休闲游览的心态，把正在展出的展览都看一遍。基于这一前提，红色展览拥有更加多元化的实际受众群体，就社会教育的覆盖面而言是真正意义上的全民教育。

1.2 显著的陈列展览特性

博物馆红色展览的本质是陈列，因此其教育特点具备博物馆陈列展览的共性，是一种临场的、实物体验的教育。一是具有实物性，即内容叙述必须依托展品来完成，而展品本身又蕴含了丰富信息，由此从两个层面来传播知识、精神、价值等方面的红色文化内容，将见物见人见精神的教育逻辑贯穿其中。二是具有空间性。展览是一门空间艺术语言，将展品、图文、多媒体等多众载体整合在一个空间内，经展陈形式统一输出信息，在当下空间内发挥“1+1>2”的传播效应。同时，展览本身又创造了一个天然的教育空间，可以在展示内容的基础上容纳更多相关教育活动，极大拓展了展览的教育外延。三是具有体验性。综合展陈不仅能带给观众身临其境的震撼体验，而且随着数字博物馆的发展，在展览中使用互动设施与互动项目更为普遍，观众可以借助 VR、AR、模拟交互等体验方式获得信息。

1.3 开放式教育路径

相较于一般主题展览，红色展览具有更突出的教育属性，往往会配套人工讲解、专题课程活动等去强化这一属性。但是，博物馆的教育形态是自由的、主动的[2]，观众通过展览接受红色教育的模式也是自导式、探索式的。因此，红色展览的教育实施路径绝对不是学校式、单向的教—学模式，而是多角度、多方向的开放式模式，可以给出教育方向和愿景，但不太会给出具体的教学目标，还是以启发参观者自主学习为主要目的。

2 红色展览的传播目标

红色展览是展览的一种类型，但根据场馆属性和展示内容的不同，可以分得更细。其中，革命史类或纪念馆类博物馆依托革命文物遗址建成，或以革命文物为主要收藏对象，一般会根据展馆主题推出常设及临时展览。革命纪念陈列要紧密地与革命事件联系起来，反映纪念对象在革命事业中的贡献和作用。[1]至于数量更多的非革命史类或纪念馆类博物馆，往往会通过联合办展、借展等形式推出红色展览，其展示内容除了革命文物，也包括红色主题艺术作品、时代见证物等；陈列主题则更为丰富，阐释解读的角度也更为多样。

总的来说，红色展览具有以下共性传播目标：一是展览的展示目标，即展览的实施落地需要符合其展示策划目标，重点考量从内容组织到空间呈现的完成度；二是红色资源的展示目标，作为展览主要展示内容的红色资源，包括文物和图片、文字、影像等多媒体红色资源的信息在展览中需要充分呈现，并且信息输出有较高的到达率；三是红色文化的宣传目标，即在知识类信息传播的基础上，展览要对展示内容背后的红色文化进行挖掘与提炼，并进行更广泛的宣传；四是核心价值观的塑造目标，展览能唤起观众的情感共鸣，形成内在的价值认同。

共性展览传播目标中的前两项均紧密围绕展览进行，相对具象，也有相对明确和客观的目标评价标准，能达到这两项目标的就可以算一次合格的红色展览了。而后两项传播目标的外延更大，评价的主观性更强，尤其是核心价值观的塑造，堪称所有红色教育的终极目标，但千人千展，展览想传达的与参观者接收到的信息有时相去甚远，而不同观者之间的观看感受也丰富多样。为此，评价红色展览的教育功能是否得到充分发挥，还是要着重看其是否能在宣传红色文化和塑造核心价值观方面产生积极作用。

“红色印记 1921—2021 ：潮起钱塘”作为一个由城市综合博物馆原创推出

的建党主题展览，在策划之初主要提出两个传播定位。第一，拟从城市博物馆立场出发，用“物”的叙述来展示中国共产党在杭州发展的历史，体现杭州特色，对应的是展览展示和红色资源展示传播目标。第二，拟通过展示中国共产党和城市的过去与现在，凝聚共识、展望未来，对应的是红色文化宣传和核心价值观塑造传播目标。该展览项目的着眼点在更深层的党建文化和价值认同感上，在具体的策划实施中充分发挥了展览的教育特点，始终以观众为中心，避免说教和意识形态的灌输，而是力图给观众打造一个沉浸式红色教育空间，让观众可自主获得想要的信息内容，同时以多种方式参与其中，通过观看展览直接触碰历史，以激发观众的自主学习行为，以期产生更深层的内在认同。

为此，展览在策划阶段就参观者的兴趣点、参观方式等进行了展前调查，综合调研反馈细化展览的策划展示策略。针对展示内容，观众更多地希望能够看到革命文物和历史见证物、人物故事以及红色史迹。也有观众认为，展览的新颖程度以及得到庆祝中国共产党成立 100 周年主题活动的参与感是吸引他们来看展览的最主要原因（表 1）。

表 1 “潮起钱塘”展前调研第 7 题“您希望在本次展览中看到什么内容”回答统计

选项	小计	比例
党史	55	41.35%
革命文物和历史见证物	109	81.95%
红色史迹	82	61.65%
人物故事	98	73.68%
其他，如:(　　)	5	3.76%
本题有效填写人次	133	

针对观展方式，超过一半的观众倾向于选择人工讲解服务，与此同时，更多的观众也会选择通过展厅内图文、多媒体说明，或者展览手册或相关宣传品等来了解展览内容（表 2）。在展览期间，观众最希望参与的活动依次为：红色研学类活动、主题创作类活动、有奖问答类活动、党史宣讲类活动。同时，观

众们希望展览在开展的同时，能够推出一些文创产品；展览徽章、笔记本等轻便而实用的产品特别受到青睐。

表 2 “潮起钱塘”展前调研第 10 题“参观时一般采用哪种方式来了解展览内容”回答统计

选项	小计	比例
人工讲解	86	64.66%
智能导览（微信、语音导览机等）	72	54.14%
展厅内图文、多媒体说明	112	84.21%
展览手册或相关宣传品	87	65.41%
自行查阅	49	36.84%
其他，如：（ ）	1	0.75%
本题有效填写人次	133	

3 “潮起钱塘”的教育实施途径

围绕上述教育传播目标，“潮起钱塘”在叙事策略上注重宏大主题与具体细节的呼应结合，用“人—物—城”的多维视角，构建“党与人民—见证物—杭州城”的叙事情境；以 150 余件（组）反映新民主主义革命史、新中国社会主义建设史和改革开放史的中共党史文物和历史见证物，以及 20 余个视频和大量珍贵历史图片，在 1000 立方米的展示空间内构建起百年党史的立体时间轴，突出历史见证物的“革命”价值，再现不可移动文物的“见证”意义，重现中国共产党在杭州的百年征程，同时以鲜活的故事和鲜明的记忆点去突出百年党史中杭州特色的地方经验与历史情感，落脚于共情、共鸣、共生的价值观塑造这一传播目标。

3.1 建立清晰的叙事逻辑

展览以“时代命题——党的回应”为核心思路，在建党百年的历史框架下具体呈现党在杭州的百年历程，以空间板时间轴贯穿展览始末。

第一单元："1921—1949 潮起——从南湖到钱江的革命记忆"，对应新民主主义革命时期，以"觉醒""抗战"与"解放"为关键词，从杭州先进分子参与中国共产党的创建开始，历经土地革命、抗日战争和解放战争，讲述中共杭州地方组织和党员先烈在血与火的洗礼中带领杭州走向新生的革命史诗（图 1）。

第二单元："1949—1978 奔流——那年杭州的芳华岁月"，对应社会主义革命和建设时期，以"城市""建设"与"外交"为关键词，重温 1949 年杭州解放后至改革开放前，党领导杭州人民建立人民政权，开展社会主义革命和建设的流金岁月。

第三单元："1978—2020 大江大河——新时代·新天堂"，对应改革开放和社会主义现代化建设新时期，以"改革""开放"和"窗口"为关键词，展现改革开放后，杭州地方党组织，团结带领全市人民，创造性地推进中国特色社会主义在杭州的伟大实践，全面展现建设独特韵味别样精彩世界名城的光辉成就。

第四单元："2021 弄潮儿向涛头立"，以互动空间的形式将展览中的党史内容与当时当下构建联系，并展望未来。

每一篇章（单元）均在开头铺陈对应历史时期的中共党史大事记，单元标题则由杭州地区党史提炼而成，让观众在空间视觉上快速厘清中共党史与杭州党史的呼应关系，配合每单元的关键词，更能迅速抓取每个单元的叙述重点。同时，根据杭州的城市特点，借用"钱江潮水"涌动的意向，构建"潮起—奔流—大江大河—弄潮儿向涛头立"的文学情境。

图 1 “潮起钱塘”单元展板

3.2 深化展示内容的记忆点

在清晰的叙事框架下，展览围绕时间轴线，通过“人—物—城”交织叙述，形成多维度的展览叙事链，以革命文物、历史见证物、图文影像等展示内容，共同还原中国共产党在杭州的红色印记。

一方面，实现“城”的再现。在杭州市园林文物局前期革命文物保护利用工作的基础上，展览选取全市近 60 处不可移动革命文物遗址和部分现当代重要地理坐标，以“线下联动线上”的方式融入展览叙事。展线创新将城址“物”化，选取浙江省第一师范旧址、衙前农协旧址、中共杭州小组纪念馆、西天目周恩来演讲旧址、五四宪法起草地旧址（图 2）和新安江水电站共 6 处历史城址，统一设计制作建模，并配合红色印记系列视频和历史资料图文，将不可移动遗迹复刻到实体展览中，站在今天的角度再现历史。

图 2 “潮起钱塘”历史城址模型——五四宪法起草地旧址

另一方面，嵌入“人”的讲述。通过展出个人物件、文献著作、图片等多种形式，讲述俞秀松、施存统、陈望道、方志敏、茅以升等多位杭州党史人物的故事。同时，与浙江日报社杭州分社联合策划开展“百年风华恰少年”系列人物口述采访（图 3），以“杭州解放”“新安江水电站建设”“钱塘江围垦开拓”“传化集团非公党建”“高新区改革创新”等 10 个主题，邀请 10 组共 20 位不同时代的党员亲历者并肩对谈。整个采访被制作成专题视频在展线上播放，以小见大讲述党史故事、以人为本传承红色精神。两代“少年”同屏共振话初心，引发社会各界的强烈共鸣，在客户端上获得 300 多万次的高点击量，同时被人民网、学习强国等头部媒体转载。

图 3 “百年风华恰少年”系列人物口述采访视频地址

3.3 营造浸入式展陈空间

展厅入口设置了大事记墙和宣誓台，步入展厅，百年党史化作两侧墙面大事记词条，如潮水般奔涌而来。不同版本的《共产党宣言》和《中国共产党章程》阵仗式展示，党员志愿者参与录制的宣誓誓词，以环绕立体声效，快速将观众带入场景氛围。三大单元篇章分别采用红色、金色与绿色作为主色调，不同的色彩，分别代表不同的时代主题，从色彩上形成单元的自然过渡。同时，每个单元均有特别定制的背景音效，以潮水声为意向，模拟潮起—奔流—大江大河的动态演进过程，并结合“号角声”“枪炮声”“火车轰鸣声”“数码”和AI等代表性音效，体现不同的时代特点。从展品到展陈艺术，从视觉到听觉，从整体到局部，营造出符合党史发展进程的空间氛围，构建起连接过去、现代与未来的历史艺术桥梁。尾厅部分设置了名为“恰同学少年”的主题教室，作为展览配套互动区，也为观众提供了一个资料研习、休息与深度体验的空间（图4~6）。

图4 “潮起钱塘”展厅实景1

图 5 “潮起钱塘”展厅实景 2

图 6 “潮起钱塘”展厅实景 3

3.4 创新丰富多样的展示载体

为了突破线下展览的空间局限性，展览内容进行了多载体输出，以求充分发挥展览教育功能。

一是虚拟展厅。720 线上虚拟展厅按照实体展厅虚拟化的展示理念，通过现场取点、全景采集拍摄、重点藏品图文信息展示制作，共计选取 143 个点位，156 个热点弹出页面，以 HTML5 格式封装，支持 PC、智能手机、平板浏览，同时支持微信等社交软件分享。

二是微信小程序。微信小程序，以时间与空间为主线，采用与实体展览完全不同的形式，拥有更大的图文信息量、更加充分的用户交互、更符合互联网的操作界面。观众可以重温实体展览的展示内容，可以实现大量文献档案展品的全文浏览，可以快速获取全杭州市范围内 60 余个红色城址的信息，可以观看更多的红色视频，还可以在线参与活动如答题、给党写封信、观展调查等（图 7）。

图 7 “潮起钱塘”微信小程序入口

三是印刷品及文创衍生品。以“潮起钱塘”为意象元素，开发实用性强、具有设计审美感的展览纪念品，包括手册与手账本、纸袋、竹扇等，特色鲜明、推广性很强（图 8）。

图 8 “潮起钱塘”文创衍生品

3.5 以展览为圆心实施红色社会教育

展览共推出四大板块的主题活动和三项常设活动，分别从脚步、声音、物件、故事四个主题展开，以期讲好杭州党史故事，激发广大观众爱国爱党爱家乡的热情，弘扬传统革命精神和红色文化。脚步——红色研学系列活动，推出主城区红色城址半日研学路线和三条革命遗迹红色研学路线；声音——“唱支红歌给党听”大型红歌快闪主题活动，用真挚的歌声表达对中国共产党的美好祝福。物件——“征百件带党徽实物，展共产党百年芳华”主题征集活动，向社会各界征集 100 件带有党徽标志的红色文化史料、文物和藏品，所有征集到的实物在展览尾厅中展示；故事——针对不同的观众推出分众导览服务，以“观展 + 体验”的菜单形式接受观众的提前预约和定制，展期内招募特展志愿者累计服务 304 人次 2165 小时，更与中小学校及高校联动，以沉浸式参观体验，讲述伟大中国的精彩故事（图 9）。

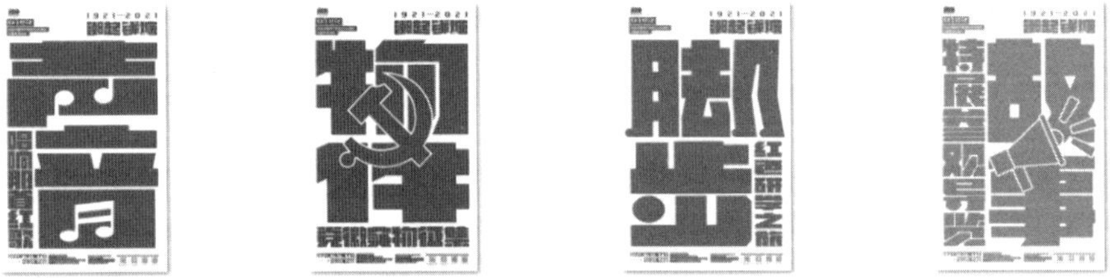

图 9 “潮起钱塘”宣教活动系列海报

4 结语

博物馆红色展览能够覆盖更广大的学习对象，以学习者为中心，具有临场性、实物体验性，能够启发学习者自主学习，在红色教育谱系中具有鲜明的教育特点。红色展览的策划实施应从以上教育特点出发，以观众为中心，以追求红色文化传播和核心价值观塑造为目标导向，综合叙事、展示和传播策略，最大化挖掘红色展览的教育内涵。博物馆还要充分用好红色展览的抓手功能，在整合馆内外红色文化资源的基础上，拓展红色教育外延，真正发挥出博物馆红色教育阵地的作用。

沈欣宁，杭州工艺美术博物馆（杭州中国刀剪剑、扇业、伞业博物馆）

参考文献：

[1] 王宏钧. 中国博物馆学基础［M］. 上海：上海古籍出版社，2006.
[2] 郑奕. 博物馆教育活动研究［M］. 上海：复旦大学出版社，2015.

浅谈非革命属性博物馆举办红色题材展览的特色策略

以“见证——庆祝中国共产党成立100周年钱币展”为例

周　博

2021年是中国共产党建党100周年，红色革命题材展览在全国掀起了热潮，各类型博物馆、纪念馆、故居等都纷纷办展庆祝。在展览主题相似的情况下，作为非革命纪念属性的小型专题类博物馆，显然缺乏举办革命题材展的资源和优势，想要办出脱颖而出、打动观众的展览，实非易事。北京市古代钱币展览馆举办的“见证——庆祝中国共产党成立100周年钱币展”获得了社会的高度认可。本文对此展进行分析，探讨总结出非革命类博物馆策划红色主题展览的有效策略。

1 非革命属性的小型专题博物馆举办红色主题展的现状和定位

2021年是中国共产党建党100周年，建党百年是中华民族的大事，党和国家高度重视红色革命精神的传承和发扬，中国革命历史是最好的营养剂，我们要把红色资源利用好，把红色传统发扬好，把红色基因传承好。跟随着党中央的精神文化指导方向，全国各地纷纷举办主题多样的红色革命展览，庆祝建党百年。在众多类别的博物馆中，革命类专题纪念馆本身就是弘扬爱国主义教育的主力军，举办红色展览驾轻就熟；大型综合类博物馆具备举办各类主题展的丰富经验，财力、物力、人力多方资源相对充足；唯有中小型专题博物馆，因缺乏相关主题经验，各方面资源都是短板，从而面临一个不小的挑战。

红色革命主题展不同于其他类别展览，在题材、内容、展览形式等方面都有自己特定属性，特别是在政治高度上有极其严格的要求定位。中小型非革命属性博物馆在策划红色革命题材展中，首先要认清自己的定位和方向，根据自身情况"量体裁衣"，同时要横向参考、比较业内其他各馆的展览思路。庆祝建党百年的红色革命主题特别需要明确的一点是自己的展览绝不能和其他馆雷同撞车，尽量避免相似化、同质化的情况出现。办展就要有自身特色，要使本馆的展览从众多同类题材中脱颖而出，展览策划要有自己的原则，立足自身、精点、亮点、特色点。特色鲜明是根本，策展视角是关键，呈现手段是抓手。

"见证——庆祝中国共产党成立100周年钱币展"（简称"见证展"）是为庆祝建党100周年专门策划的主题展览，由北京市钱币学会、北京市古代钱币展览馆（简称古币馆）联合主办。展览主要以中国共产党领导下各钱币变化发展的历程为切入点，通过货币和实物等展品向广大观众展示百年来在中国共产党的领导下我国货币的发展变迁，展览从本质上体现了我国政治、经济、文化、综合国力等各方面的划时代进程。本展从策划到实施，经过不断斟酌磨合，成功地被国家文物局列为庆祝建党百年红色革命重点推荐展览，受到社会各界的广泛关注和广大观众的一致好评。

笔者作为展览主创团队的一员，经历了整个展览确定选题、撰写大纲、推翻选题、二次重写大纲等一系列艰难曲折的过程，从最初的概念到最终的呈现，有着深刻体会。通过自身的思考，笔者总结出以下几点感悟，希望能在思路上对今后策划非本馆擅长类型的主题展览（包括但不限于红色革命题材）有所启发。

2 非革命属性的小型专题博物馆举办红色主题展的策展思路及方法

2.1 小题材与新视角

分析选题是展览策划的第一步，做展览同写论文是同样的道理——放眼大主题、聚焦小题目，采用以小见大的构思方法，选择视角独特，着眼于一点深入进去。在众多规模宏大的红色革命主题展矩阵中，要想不被湮没，就必须找到自身的闪光点、擅长点，深挖精研，只有这样才能做到虽小尤亮，找到自身的与众不同，才能脱颖而出。

古币馆是一家以德胜门箭楼遗址为建筑基础、以展示中国古代货币为主的专题性博物馆。“见证展”展览场地设在箭楼四层，首先，现有的古建筑的场地面积限定了展览规模，大型展览是不具备空间条件的；其次，展览经费几经缩减，这为借展和打造更加理想的展陈效果带来了巨大挑战。作为 100 周年庆祝活动，展览既要以最佳效果弘扬伟大建党红色精神，又要结合本馆的实际情况。叙事宏大和众多珍贵文物的类型是不适宜本馆的，经过反复研究，最终将落脚点放在了“红色货币”上，从建党百年来发行使用的货币这个视角，来 100 年中国社会经济翻天覆地的改变。古币馆擅长研究钱币，从藏品资源到展陈方式，都有自己的经验积累。特别是在横向考察后以后，研究者发现从钱币和经济角度来诠释建党百年伟大的成就的展览在业界还是空白，策展方向就此确定。之后的事实证明，这种小而美、精而专、深研特色、另辟蹊径的方法往往就是制胜之道。

2.2 讲述故事性

没有故事的展览是无法吸引人的。对任何年龄段的观众而言，展览的故事性都是吸引人的一大法宝。有故事才能有兴趣，有兴趣才能深入。展览的任务就是借助展览形式把这百年风雨用实物、用图板、用场景为观众讲述出来。中国共产党的百年历史就是一部曲折恢宏的历史史诗故事。红色钱币展以钱币串联历史，以钱币反射出每个历史阶段的社会发展情况，针对每一枚展品展开背后的讲述，无疑是最好的故事。

“建党时的每件文物都十分珍贵、每个情景都耐人寻味，我们要经常回忆、深入思索，从中解读我们党的初心。”[1] 革命展览不同于其他，展览语言内容的客观性和严谨性是基本要求。因此，故事的选择和讲述方式要深入考究、用心分析。本次展览分为四大单元。其中，第一单元“红色记忆”体量最大，展线最长，占整个展线的三分之一，展品数量占据整个展览的近一半，主要展示的是 1921 大革命开始至 1949 年新中国成立前中国共产党领导的各革命根据地所使用的货币。这一时期的货币、代用币种类繁多，数量庞大。经过战争的洗礼，很多货币展品完整度不高，甚至有些模糊不清。这种情况势必很容易使观众在观展过程中产生审美疲劳感、失去兴趣。面对这样的问题，故事性讲述是很好的解决方法。在故事选择上如何取舍、选择重点是需要反复推敲和考虑的。在挑选重点文物编写讲解词时，重点把握好几点原则：第一，寻找故事点，要选择背后故事内容丰富的文物展开讲述；第二，准确性，一定要保证内容的严谨和真实，认真考证后使用；第三，具备与众不同特点和重要意义的展品；第四，钱币历程里之“最”的展品。针对以上几点展开故事性的讲述，观众就可以对展览一步步从陌生走向理解再到熟悉了。

2.3 挖掘亲民性

展览是为广大人民群众服务的，亲民性、接地气的展览才能真正走入千千万万的百姓心中。长期的办展经验证明，与百姓身边联系最紧密的人与事物，更能打动观众，观众更容易与展览产生共鸣。唯有经历才有感受，不同年龄段的观众有着不同的生活阅历。在众多展品中，国库券、外汇券、各套人民币受到了人民群众的特别关注，展品勾起了很多上了年纪的参观者的回忆，令人触景生情、感触颇深。

红色文物藏品的征集也是我们的重点工作，如何通过展品让广大观众读懂百年货币发展历程，从内心深处找到归属感，进而感悟初心使命，是我们在策展过程中一直在思考和谋划的问题。在展品征集过程中，为了让展品更加接地气，更加贴近百姓生活，除了相关的货币和纪念币，我们还尽可能地征集与其时代背景相关的实物或生活用品进行佐证，同时作为辅助展品，如：第二套人民币 2 角券，正面主景为“毛泽东”号火车，就专门联系铁道博物馆，借到毛泽东号火车的模型一同展示，辅以相关的文字说明进行介绍，并以此为实例，深挖其内涵——“毛泽东号”火车的诞生，见证了工人阶级跟党走的意志，见证了铁路工人支援革命战争的历史进程，体现了在毛泽东同志英明领导下，我国交通事业发展，城乡交流工业发展的历史。诸如此类的用心钻研深挖，方能揭示更深内涵。

2.4 打造吸睛亮点

钱币类展览不同于其他类别的展示，尺寸和体积小，展示手段相对单一，一两枚钱币展示没有视觉效果，难以引起关注，而大量的钱币排在一起整体视觉效果上又有很多雷同感，缺乏变化和细节。针对这一特点，策展团队在钱币的陈列设计上做了一番特别设计，将展览中的一组经典展品——第一套人民币进行了重点安排，力争将其打造为展览的“吸睛”亮点。

第一套人民币是整个人民币发行体系中种类最多的、图案最丰富的，总计

60 多种。由于其流通时间短，版类众多，能够组成全套非常罕见。但正是第一套人民币的发行为建立全国统一的人民币市场奠定了基础，见证了中国人民银行的成立，新中国集中、统一的金融体系正式形成，这是我国金融发展的重大象征。因此，第一套人民币在我国经济发展史上具有举足轻重的地位。这套展品（图 1）经历了各种艰难曲折才成功借到。如此珍贵的展品，数量多、体量大，展示、保存都让人费了一番脑筋。人民币是双面的艺术，但展柜中的纸质展品只能展示其中一面，想要全方位展示给观众，最好是两套正反面一起展示。毋庸置疑，如此奢求是难以实现的。为了给大家带来不遗漏、不遗憾的全面展示，同时要保证展品的绝对安全，策展团队进行了多轮方案的测试、修改，经过不懈的努力，终于研究出了最佳展陈方案——立体转式陈列台，最终圆满地解决了这个难题。馆方将纸币每张制作为独立展示夹，使用中轴贯穿的方式，像串糖葫芦一般将纸币连接在一起，形成纸币展示墙，使展品和观者形成互动，观众可以自主地翻转每一张纸币。在展览过程中，第一套人民币成了最火爆的展品，展示方式得到了观众的肯定。

图 1　第一套人民币展示

（作者自摄）

2.5　文创、教育巧结合

“让文物活起来，把文物带回家”是增强观众走出博物馆的教育延续性的体现。展馆之外是更广阔的空间。本着这个出发点，展览设计了现场互动教育项目——动手印制明信片活动（图 2）。这从另一个角度展示了钱币的不同特性——印刷技术。在专业人士的指导下，观众现场学习凸版印刷技术，用凸版印刷机亲自印制出红色革命题材图案的明信片，形成了可以自己制作的文创产品。内容上，我们选取了展览中相对应的 8 种红色精神，专门设计雕刻，定期更换雕版。这种常换常新的方法对于吸引观众再次甚至多次走进展馆参观，有着很好的效果，确实有部分观众是为了集齐整套明信片而来的。在展览开展过程中，我们曾经接到观众的电话，询问凸版图案是否更新。这种不断更新的互动文创品的方式，能够有效继续吸引观众多次入馆参观，达成事半功倍的效果。

文创品开发是展览的配套组成部分。现场印制的套装明信片经过专门的设计包装旋即成了展览的文创品，它巧妙地将教育活动和文创产品开发合二为一（图 3）。这种做法既解决了开发文创品经费不足的遗憾，也缓解了场馆工作人员缺乏的压力。现场工作人员既能售卖文创产品，也能辅导互动教育活动，这种“文创开发 + 教育互动”结合为一体的做法也是本次展览的一个巧妙之处。

图 2　现场互动印刷

（作者自摄）

图 3　文创纪念明信片

（作者自摄）

2.6　多媒体的补充延伸

展览内容表达往往受制于现场等诸多因素而不能充分展开，数字媒体的运用彻底打破了时间和空间的维度，解决了这一困扰。

“见证展”受到一些问题制约：展览中涉及很多人民币的相关知识，由于受到人民币使用法律的限制，人民币上的图案、设计与印制、背后历程等都有极其严格的规定，非经官方允许不能以任何形式展示，但这又是了解人民币发展历程的重要组成部分。为此，策展团队搜集了大量公开发行的相关纪录片和人物专访等视频资料，在展厅中滚动播放。此举一方面省去了大量说明文字；另一方面解决了相关的限制问题，用多媒体的方式将展览内容实现了大量知识的补充。

为了增强展览的互动性和娱乐性，在展厅尾声部分，专门制作了多媒体人民币互动小游戏（图 4）。游戏以跳棋的路径方式随机出现第三、四、五套人民币中的某面额请观众作答，之后再给予更多延伸介绍。小小的游戏涵盖了大家最常见的内容，观众不论年龄都被深深吸引，很多观众乐此不疲地将所有选项都跳一遍才满意地离开。小小的互动游戏，增强了娱乐性，在充满趣味的同时强化了知识性，以丰富多样的表现形式辅助观众更加深入地理解展览内容，使受众带着轻松娱乐的心情完成展览参观。

图 4　多媒体人民币小游戏

（作者自摄）

结语

结合重大事件节点举办展览宣传是博物馆的社会使命之一，也是各类中小型专题场馆必然长期面临的展览情况。本文借红色革命主题展览的契机，梳理了针对此类问题中小型专题馆可以应用的策展方法以及思路，希望能够引起更多业内人士对中小馆的专注和思考。

另：本文在撰写时，北京市古代钱币展览馆已经不再承担钱币展示职能，“见证展”是古币馆举办的最后一个展览，谨以本文作为纪念。

周博，北京中轴线遗产保护中心（世界遗产监测中心）

红色旅游在域外风格建筑遗址类博物馆中的实践与探索

以青岛德国总督楼旧址博物馆为例

徐宁宁

我国传统的红色文旅资源开发，大多以中国共产党领导人民在革命和战争时期建树丰功伟绩所形成的纪念地、标志物为载体，少有域外风格建筑遗址类基地。

“十二五”规划将红色旅游内容“扩容”，将1840年以来在中国大地上发生的中国人民反对外来侵略、奋勇抗争、自强不息、艰苦奋斗，充分显示伟大民族精神的重大事件、重大活动和重要人物事迹的历史文化遗存，有选择地纳入红色旅游范围，域外风格建筑遗址类博物馆成为可供发掘的红色资源。

青岛德国总督楼旧址博物馆是近代域外风格建筑遗址活化利用的代表性场馆，自2019年起开拓并深耕红色文旅资源开发与利用，通过三年实践，现已成为区域红色资源展示的重要载体，能够为其他类似的域外风格建筑遗址类文旅场所提供具有参考性的经验，进一步丰富红色教育的内容与形式。

从1840年鸦片战争爆发到1949年中华人民共和国成立，以开埠较早的沿江、沿海城市为代表，我国出现了大量以西式建筑形态为主体，迥异于中国传统城市生态的建筑群，这些建筑群是近代西方帝国主义列强在政治、经济、文化领域侵略中国的社会历史的见证。

1996年起，“全国重点文物保护单位”正式设立“近现代重要史迹及代表性建筑”子类别，大批域外风格建筑走入公众视线。现阶段，我国域外风格建筑遗址以文博场馆为形式的利用中，以建筑复原陈列、文化创意产业为主流，如厦门鼓浪屿建筑群、上海外滩建筑群、青岛八大关建筑群等，是城市文化遗产的重要组成部分。

党的十八大以来，习近平总书记站在实现中华民族伟大复兴的中国梦的战略高度，多次发表关于发展红色旅游的重要论述。域外风格建筑遗址类博物馆，应寻求突破自身既往的展示局限，在开放服务实践中引入“红色”内涵，用多样化形式促进红色文化旅游在场馆中实践，成为新时代域外建筑遗址类博物馆建设的重要组成部分。

1 双重视角转换下的红色文旅资源开发探索

1.1 政策视角转换：从“百年屈辱”到“伟大奋斗”的红色文旅资源“扩容”

2004年，中共中央办公厅、国务院办公厅印发《2004—2010年全国红色旅游发展规划纲要》，提出了发展红色旅游的目标要求。红色旅游，开始成为国家重点建设项目。

综合文化和旅游部、国家发展改革委的公开信息统计，2014年，全国参加红色旅游的人次为1.4亿，至2019年已达到14.1亿人次；2020年在受到新冠肺炎疫情影响的情况下，红色旅游人次依然占据国内旅游市场11%的份额。这些数字的背后，一方面是国家政策导向对于红色旅游资源开发的利好，另一方面体现了人民群众对红色资源的追逐与肯定。

但是，根据《2004—2010 年全国红色旅游发展规划纲要》中关于红色旅游的定义："以中国共产党领导人民在革命和战争时期建树丰功伟绩所形成的纪念地、标志物为载体，以其所承载的革命历史、革命事迹和革命精神为内涵，组织接待旅游者开展缅怀学习、参观游览的主题性旅游活动。"符合政策规划"红色旅游"的范围多局限于革命老区，大多身处城市中心的域外风格建筑遗址，鲜有开发红色旅游的"发力点"。

在《2011—2015 年全国红色旅游发展规划纲要》中，中央决定对红色旅游内容进行拓展，范围加上了自 1840 年鸦片战争以来的革命遗迹和新中国成立后社会主义革命和建设以及改革开放新时期以来的纪念地。新的规划，将"百年屈辱史"和"伟大奋斗史"贯穿至一起，极大拓宽了我国红色资源的涵容领域，让更多近代建筑成为撬动一方红色文化旅游发展的重要资源。

政策的转变带来全新的发展契机，作为近代域外风格建筑遗址类博物馆的代表，青岛德国总督楼旧址博物馆通过近 5 年来的探索、实践，开发出了兼具红色精神价值和地域特色、场馆特色的展教项目。

1.2 场馆视角转换：搭建多维度的红色展教叙事体系

青岛德国总督楼旧址博物馆文物建筑于 1905 年动工，1907 年落成。初为 1897 年至 1914 年德国租借青岛期间，德国驻青岛最高军政长官的官邸；后作为日本驻青岛守备军司令、国民党驻青岛市市长的官邸；1934 年正式改成青岛迎宾馆，新中国成立前接待过众多历史风云人物；新中国成立后接待过毛泽东、陈云等党和国家领导人。该建筑于 1996 年被公布为第四批全国重点文物保护单位，1999 年作为博物馆正式对公众开放。

青岛德国总督楼旧址博物馆具备丰富的历史、科学、艺术和社会价值，是青岛作为国家级历史文化名城的重要支撑之一，既是外来建筑文化在中国传播的范例，也是德国和日本帝国主义侵略中国的历史见证。新中国成立后，这里成为毛泽东同志一生唯一一次青岛之行的居住地和办公地，具有重要的红色纪念意义。

青岛德国总督楼旧址博物馆作为一个域外风格建筑遗址类博物馆，在最初几年的开放实践中，并没有侧重红色文旅资源的开发。虽然这里曾是 1957 年毛泽东同志青岛之行的下榻处，但出于对展览连贯性的考虑，最初的复原陈列展只在毛主席卧室进行了简单层面的展示，没有深入挖掘其背后的丰富资源。

“十二五”规划期间，中央决定将红色旅游的概念扩大至 1840 年以来的中国近现代历史时期。这就为场馆提供了开发红色旅游线路的契机：一方面，这里见证了近代以来青岛人民从被殖民到反抗的过程；另一方面，新中国成立后，这里做宾馆期间接待了毛泽东、陈云等党和国家领导人，这些领袖人物背后筚路蓝缕的奋斗故事，也成了可供挖掘的红色旅游资源。

2019 年，青岛德国总督楼旧址博物馆重新复原毛泽东下榻期间各房间的功能，配套场馆展览与流动展览，正式将红色旅游线路列入日常参观的主推线路。

2 基于“微展览”运行模式下的红色资源开发问题应对

对于域外风格建筑遗址类博物馆而言，从域外文化输出转向红色文化输出面临着诸多问题：藏品资源的稀缺、人才梯队的搭建、场馆硬件的掣肘、观众的认可度等。为此，青岛德国总督楼旧址博物馆于 2019 年启动红色“微展览”实践计划，利用临展展厅，先行策划并实施小规模红色展教实践，以期在实践中启发思考、应对问题、完善模式。

2019 年 12 月 26 日，“闪光的足迹——毛泽东与青岛”红色“微展览”在青岛德国总督楼旧址博物馆花房开展，展出形式为图文展板，展线长度仅有 10 米，无任何辅助性展示手段。

2.1 问题 1：场馆红色资源积淀不足

客观上，域外风格遗址类场馆在既往的历史积淀中，收藏、展示的范围依托于建筑本身的功用，在文物建筑开发利用初期，受限于开发利用的业态、形式，在缺乏必要的经济、社会效益下，鲜少对红色资源进行深度挖掘，对于在特定历史阶段留存的红色资源，也呈现类别零散、开发程度低、规模较小的特征，面对全新的资源开发，难以在短时间内形成规模。

经过对青岛德国总督楼旧址博物馆的馆藏资源的梳理，关于1957年毛泽东同志下榻期间确切的藏品记录仅有睡床一张、写字台一组、沙发一组，无法支撑起一个完整的展览叙事脉络。

为此，青岛德国总督楼旧址博物馆开启藏品征集渠道，首先前往青岛党史研究院、青岛市档案馆等地查阅史料，了解1957年毛泽东下榻期间在青岛工作、生活日程，以及期间可能延伸产生的物质记录。另外，开展网络征集的同时，发动职工问询家中长辈，寻找线索，最终通过征集购买、接受捐赠、合作展示等方式，展出30余件套展品。

2.2 问题2：研究人员薄弱

在专业人才梯队的搭建上，域外风格建筑遗址类场馆原有人才研究方向往往与全新的红色资源开发不符，缺乏钻研革命史的专业技术人才和适应红色文旅开发发展要求的文化创意、资源整合和社教活动开发人才；在红色文化资源开发利用理论的研究上明显不足，缺乏一支专业研发队伍，在形成的红色文旅产品上，影响力不足，吸引力较弱。

专业人才的培养是一个相对漫长的过程，为了做好红色展教项目的实践，青岛德国总督楼旧址博物馆选择采用“外部专家 + 年轻人培养”的方式进行应对：展览的权威性与严谨性交由专家进行把控，展览的内容与艺术设计交由年轻团队实践，最终通过展教项目的运转，实现人才的培养。

2.3 问题3：场馆改陈硬件条件的局限

近代开发利用的域外风格建筑遗址类场馆，多为各级文物保护单位，所有的陈列展览的推出、改陈，不能破坏原有的建筑结构，这也就意味着展览的形式、内容设计首先要服从于建筑本体的客观条件，空间的局限使很多现代化的展示手段、展现方式无法实施。

青岛德国总督楼旧址博物馆作为全国重点文物保护单位，在展厅内进行红色展览改陈，一方面要确保展览的实践不能破坏任何建筑本体，另一方面不能与原有的复原陈列相冲突。最终馆方决定设计、定制可移动的展带实现对展品、展板的悬挂，对于部分无法完全展示的内容，则制作相关的二维码，让观众扫码观展。

2.4 问题 4：观众接受度未知

域外遗址类场馆推出全新的红色文旅产品时，要完全打破既往开放服务、吸引观众的“舒适区”，转而以全新的场馆“关键词”来吸引观众，在现有的红色文旅资源不如专业红色场馆的前提下，是否有观众愿意走入其中？同时，场馆的“域外风格”与红色的“革命精神”的客观视觉冲击较大，是否能够激发观众内心的认同感？这些问题都需要一个完整的实践周期来检验。

令人欣喜的是，青岛德国总督楼旧址博物馆红色“微展览”的实践，一方面获得观众对于展览的认可度，另一方面很多观众在观展过程中也为博物馆提供了大量红色资料。如毛泽东警卫后人来馆观展后，回忆了毛泽东在青岛迎宾馆下榻期间的大量艰苦朴素的生活细节，其他相关研究人员观展后提供了 1957 年毛泽东、周恩来在青岛期间主持召开全国少数民族工作会议的资料及图片等。

“微展览”一方面获得了观众的认可，另一方面观众们观展后的反馈，也让展览策划人员更为直观地了解到观众们的兴趣所在，丰富了展览后续优化升级的维度。

“微展览”的运行模式在青岛德国总督楼旧址博物馆的成功实践表明，以“精神价值”为输出核心的红色展览，同样是建筑文化遗产价值转化中的重要组成部分，有着更深层次的潜力和更多样化的表达方式。鉴于此，青岛德国总督楼旧址博物馆于 2021 年度将原有的红色“微展览”全面优化升级，为“红色旅游在域外风格建筑遗址类博物馆中的开展”提供更多可能性。

从前期的观众反馈中，馆方也得知了观众们的兴趣所在，调整了展览的重心。

3 红色主题展教项目的实践成果

2021年5月，作为庆祝中国共产党成立100周年的主题展览，改陈后的“闪光的足迹——毛泽东与青岛”专题展览正式推出，展览重新复原了1957年毛泽东下榻期间的卧室、办公区、用餐区、会议室等区域，展示面积600平方米，展线长度80米。

3.1 展览基础信息

3.1.1 展览基本内容

“闪光的足迹——毛泽东与青岛”专题展览分为“克勤于邦·克俭于家”“舰出黄海·劈波斩浪”“去粗取精·洋为中用”三大主题单元。

第一单元通过对毛泽东同志下榻青岛迎宾馆期间的工作和生活进行回顾，结合毛主席一生的生活细节，展示了中国共产党人勤俭节约的光辉传统。

第二单元通过讲述清末以来中国海上主权的丧失和新中国成立后首次海上阅兵在青岛的举办，展现中国共产党人为实现中华民族独立的艰苦奋斗历程。

第三单元通过毛泽东同志对青岛城市评价，展示新中国成立后第一次城市规划座谈会在青岛举办带给这座城市发展轨迹的影响。

3.1.2 展品选择

展览主要展品有25件，主要选取1957年毛泽东同志下榻青岛迎宾馆期间使用物品原物，复现毛主席艰苦朴素的作风。该类展品占展示藏品总量的52%，配套征集的1957年毛泽东在青岛期间影像资料、档案资料等，丰富展陈，该类展品占展示藏品总量的48%。

展览辅助性展品有7件，主要为文献资料，用以佐证展览内容，突出展览主题。与展览内容相对应的文献资料，以透明亚克力展盒形式悬挂于展板，同步展示文献内页扫描件，重点文字以下划线形式在文献扫描件上予以标注。

3.2 展览观众分析

青岛德国总督楼旧址博物馆地处中国北方沿海重要的旅游目的地城市，其观众构成呈现出明显的淡旺季分布，尤其是进入 11 月以后，观众量锐减，因此本文以 2021 年 5 月 1 日—10 月 31 日线下观众为样本进行分析，旨在对展览观众构成及观众评价做系统性回顾，对相关数据进行系统性分析统计，以期对未来的展览策划、展教活动配套实施，提供借鉴。

3.2.1 展览观众量

展览开放的 183 天，累计接待观众 164 279 人次，其中包括未成年观众 26 596 人次，平均每日 897 人次（表 1）。

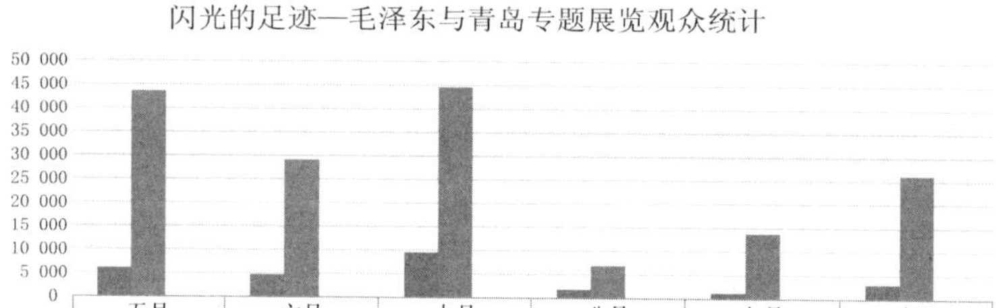

	五月	六月	七月	八月	九月	十月
■未成年观众量	6 085	4 744	9 523	1 877	1 251	3 116
■观众总量	43 608	29 120	44 586	6 936	13 792	26 237
■未成年观众当月占比	13.95%	16.29%	21.36%	27.06%	9.07%	11.88%

表 1　展览观众量与未成年人观众量统计

如表 1 所示，2021 年 5 月，展览推出初期，宣传推广力度较大，观众量为展览推出期间第二峰值。2021 年 7 月，机关团体党建活动较多，展览观众量为展览推出期间第一峰值。2021 年 8 月起，受新冠肺炎疫情影响，观众量骤跌。

未成年观众占比方面，7、8 两月逢暑假，未成年观众占比均在 20% 以上，尽管 8 月份观众量为展览推出期间的最低值，但其中未成年观众占比却为展览周期最高值，达到 27.06%。除暑假因素外，总督楼自 8 月起正式推出展览配套未成年人导赏活动，吸引大量未成年人参观。

3.2.2 展览观众偏好

“闪光的足迹——毛泽东与青岛”专题展览共设置3个主题单元、5个连续展厅。5个展厅分别从毛泽东在青岛大事记节略、传统文化情怀、艰苦朴素与严谨家风、第一次海上阅兵、毛泽东对青岛的城市评价及后续影响5个维度进行展示，评价样本取自一线讲解员、志愿讲解员在展览导赏中的直接观察（表2）。

表2 展览单元观众偏好分析

展示维度	偏好群体	偏好群体特征分析
毛泽东视察青岛大事记节略	40岁以上，党政机关领导	本单元展示的《一九五七年夏季的形势》中的“六有”思想在党的十八届六中全会报告中的体现，很多较高级别的党政领导在得知“六有”思想系毛泽东于1957年在青岛提出后，表现出浓厚兴趣，专门扫码阅读全文，在高级别党政接待中，对“六有”思想知晓率为100%
传统文化情怀	对毛泽东主席有特殊情怀的观众	本单元展示了两份毛泽东手稿，其中一份系在青岛迎宾馆写就，很多观众看到手稿后，上前逐句研读，并向工作人员提出拍照或索要手稿电子版以作纪念的请求
艰苦朴素与严谨家风	25岁以下年轻观众群体	年轻一代观众成长的物质条件较为丰富，少有机会回忆老一辈革命先烈的艰苦岁月，本单元展示的粗瓷碗、毛泽东日常食谱等内容，给这部分年轻观众带来直观的冲击
第一次海上阅兵	无差别	本单元给非“军迷”观众带来无差别参观体验，很多观众都是通过展览知晓青岛与海军的渊源以及人民海军的发展历程。 此外，青岛与五四运动的关联、青岛主权回归的历程，加深了许多非青岛本地观众对青岛市在中国近代史中特殊性的感知

续表

展示维度	偏好群体	偏好群体特征分析
毛泽东对青岛城市评价及后续影响	青岛本地观众、北京观众	本单元主要展示毛泽东视察青岛路线、城市评价以及青岛城市规划发展历程，对于青岛本地观众而言有较强的认同感，初次来青岛的外地观众很难对展览内容有直观的感知。 本单元中毛泽东在评价青岛城市的同时提及北京，让很多北京观众对 20 世纪北京市的城市改造渊源有了简单了解

3.2.3　展览观众评价

3.2.3.1　观展留言率

“闪光的足迹——毛泽东与青岛”专题展平均留言率为 12.5%（表 3），特殊参观日期（7 月 1 日前后 5 天、8 月 1 日前后 5 天、国庆节假期 7 天）留言率在 35% 以上，7 月 1 日为留言率峰值，达到 44%。

表 3　红色专题展留言与展馆常规留言各项指标对比

展览类别	平均留言率	有内容留言率（排除 ××× 到此一游等）	署名留言率
红色专题展	12.5%	90%	60%
常规展览	8%	55%	10%

综上，观众在观看主题展后，爱国情怀被激发，留言簿成为观众们抒发爱国情怀的窗口。

3.2.3.2　留言内容分析

专题展有效留言主要内容包括：“高频词”表达爱党爱国情怀、对展览内容评价、原创情感抒发、其他，各类留言占比如图 1 所示。

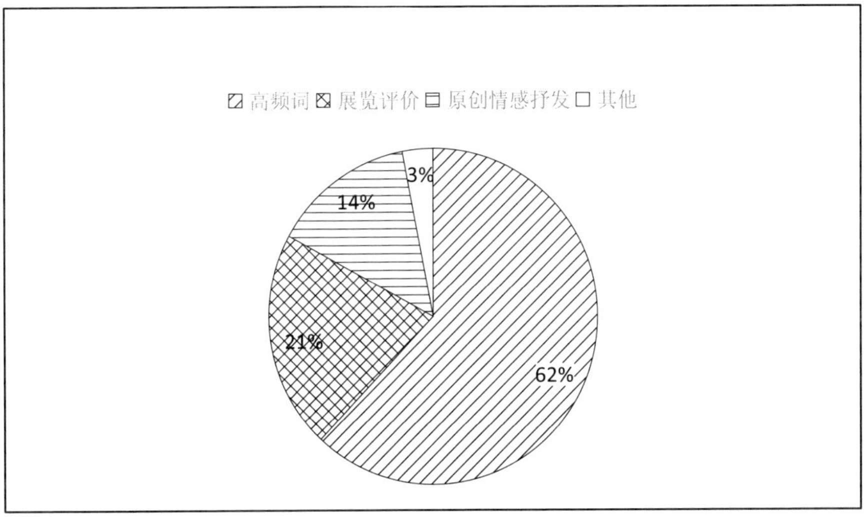

图 1　展览留言类别分布图

展览留言簿虽然是观众情感表达出口，但一半以上的观众在观展的短时间内没有组织丰富的原创语言，而是以当下流行的高频词汇作为情绪出口。

3.2.3.3　留言高频词

专题展留言高频词前五位分别是：庆祝中国共产党成立 100 周年；祝福祖国繁荣昌盛……；人民有信仰，国家有力量，民族有希望；中华人民共和国万岁；不忘初心、牢记使命。

这些频频出现的词汇，表达了广大人民群众对党和国家最朴素的热爱。

此外，通过对展览留言的整理，另有三组高频留言，体现出观众的群体性、时效性的特征，分别是：此生无悔入华夏，来生愿在种花家；请党放心，强国有我；如果信念有颜色，那一定是中国红。

“此生无悔入华夏，来生愿在种花家”出自漫画《那年那兔那些事儿》。“种花”是“中华”的谐音，意思就是为自己生在中国而感到光荣自豪，希望来生能再次生在中国。自专题展推出以来，这句留言在大学生及年轻观众笔下屡屡出现。

“请党放心，强国有我”出自中国共产党成立 100 周年大会少先队和共青团员代表献词，自 7 月 1 日下午起，70% 以上的青少年学生群里留言，都选择了这句献词，取代了之前“少年强则国强”，成为青少年留言高频词第一位。

9 月 25 日孟晚舟归国，其在下飞机后的讲话中说到的“如果信念有颜色，那一定是中国红”，自 9 月 26 日起成为展览留言高频词。尤其是在国庆节期间的留言中，结合国庆节的特殊时间节点，选择这句话作为留言内容的观众，占到留言观众的 30%。

3.3 展览配套社教

“闪光的足迹——毛泽东与青岛”专题展览共配套两组社教活动：同主题流动展览宣讲和“百颗星火”志愿导赏。

3.3.1 同主题流动展览宣讲——以内容为导向的展览，流动展示与实景展示相差较小

流动宣讲以青岛德国总督楼旧址博物馆传统文化“五进”活动为载体，展览进社区、机关比例较高，在 2021 年党史学习教育实践的背景下，多处单位将展览宣讲作为主题党课，2021 年累计外出送展 15 次，直接受众 3 000 余人。

从送展形式来看，送展现场庄重、严肃，对宣讲人员政治理论水平、党史教育背景要求较高。本次流动展览中有视频资料，视频资料的播放成为 40 分钟宣讲的缓冲，相当于二次集中观众注意力。

从红色流动展览宣讲反馈来看，以党员干部为代表的观众群体，对宣讲内容全程保持高度集中注意力，没有明显的兴趣偏好；以社区中、老年党员为代表的观众群体，兴趣偏好于展览中毛主席在青岛生活细节、游历城市路线部分；学生群体的兴趣偏重海上阅兵、诗词文化情怀。

本红色主题展以内容为导向，以展示空间、展品等作为辅助，因此从流动宣讲的效果来看，其观众反馈与展厅内实景参观观众反馈较为类似。

结合青岛德国总督楼旧址博物馆此前十余年文化“五进”活动回顾，这种偏重内容输出的外出展示，效果优于既往流动宣讲的通史回顾以及建筑艺术描述，这进一步启发了今后流动展览的内容策划思路。

3.3.2“百颗星火”志愿宣讲——在实践中不断涌现惊喜

青岛德国总督楼旧址博物馆“百颗星火”志愿服务项目，依托主题红色展览而推出。志愿服务实践周期为2021年5月18日至12月31日，其中5月18日至6月30日为培训考核阶段，7月1日至12月31日为宣讲实践阶段，招募对象为初中生。

“百颗星火”志愿服务项目向公众的呈现方式是展览宣讲。为了让未成年志愿者们更好地理解未来要宣讲的红色展览，青岛德国总督楼旧址博物馆在向学生们提供展览讲解词和配套引申培训材料的同时，组织6次专题培训，包括2次集中培训和4次外出研学培训。

其中两次集中培训分别邀请中国博物馆十佳志愿者和中国人民解放军海军博物馆宣教员两位老师来馆授课；4次外出研学培训，分别前往中共青岛党史纪念馆、青岛一战遗址博物馆参观主题陈列，前往青岛康有为故居参观“文化名人与中国共产党”专题陈列和参观中共青岛市委宣传部推出的“庆祝中国共产党成立100周年青岛主题展”。现场参观 + 理论培训结合的方式，让同学们首先接受了一次爱国主义教育，对青岛的红色记忆有了更为宏观的理解，对中国共产党的百年征程有了更为深刻的认知，单一的讲解词最终化为想要向外输出的爱国情怀。

正式上岗前，总督楼红色主题展览文案主笔带领学生们进行讲解示范，并逐一跟听每名学生的展览讲解，确保学生们后期宣讲实践的规范性与严谨性。正式上岗后，这些学生志愿者每人每天为观众提供6到8场红色专题导赏，将红色精神传递播撒。在展览实践周期内，未成年志愿者共提供了626场次的志愿导赏服务。

“百颗星火”志愿宣讲项目，最初只作为展览配套活动而存在，但在实际运行当中，其观众反馈、志愿者反馈、家长反馈完全超出预期，其突出特点在于：一是6次外出参观的培训模式，给志愿者们以新鲜感，虽然培训内容与志愿者要讲解的内容并无直接关联，但容易激发起志愿者的兴趣；二是志愿服务得到了正向反馈，参与本次宣讲团的学生，大部分是第一次从事志愿服务工作，少有与陌生人面对面沟通交流的经历，学生们从最初的局促到在实践中不断成熟，而观众们给予了他们非常多的正向反馈，无论是最后一个展厅的集体鼓掌，还是写下志愿者名字的留言，都给予了他们很大的鼓励，收到了赞许和肯定的孩子们越来越开放；三是统一的视觉形象设计，无论是工作证，还是文创商品级别的团员手册，都让志愿者们感受到了满满的仪式感。

未成年志愿者讲解的特点是朗诵的痕迹较重，这在普通的展厅导赏中略显突兀，但在红色展览导赏中则成为一大优势，生动的内容配合学生们饱含激情的讲解，更容易引发观众共鸣，恰如“百颗星火”项目设计主旨——星星之火，可以燎原。

3.4 一些存在的问题

一是“闪光的足迹——毛泽东与青岛”专题展观众反响较好，但因为专题红色展览与青岛德国总督楼旧址博物馆原本的复原陈列相重叠，对于观众而言相当于在一个展览厅里感受双重叙事，对于非单一目的来馆参观的观众来说，参观前几个房间会有一定影响。后续类似展览策展时，应综合考量相关因素。

二是展览开展期间，受各种客观因素影响，线下观众量仅达到预期观众量的 60%，后续仍有提升空间。

4 结语

梳理我国的域外建筑遗址，多为近代西方帝国主义列强侵略中国的社会历史的见证，在相当长的一段历史时期里，这些建筑承载着家国残破、人民被奴役的记忆。但是，随着国家的进步和民族的复兴，众多建筑成为城市发展浪潮中被保护、被利用的对象，其中有相当一部分作为遗址类文旅场馆对公众开放。

青岛德国总督楼旧址博物馆红色展教项目的成果实践表明，有些建筑遗址本身艺术、人文资源十分丰富，甚至可以从中深度挖掘出红色精神内涵，找到红色旅游的亮点和灵魂。这些建筑遗址自身就拥有丰厚的文化底蕴，承载了革命精神，而不仅仅是文物的载体。

徐宁宁，青岛德国总督楼旧址博物馆

参考文献

［1］雷鸣霞. 博物馆教育在青少年社会角色认知中的作用［J］. 中国博物馆，2015（1）：77-81.

［2］赖德霖，伍江，徐苏斌. 中国近代建筑史：第一卷［M］. 北京：中国建筑工业出版社，2016.

文旅融合推动博物馆研学教育发展的探索

朱卫华

将文旅融合作为博物馆研学教育发展的驱动力，可以更好地发挥博物馆的教育功能。基于此，本文从博物馆研学教育发展中文旅融合策略的作用展开论述，提出了积极组织博物馆旅游博览会、推进博物馆中研学用馆藏的建设、强化博物馆研学教育旅游产品的开发、做好研学教育发展的人才支持、健全博物馆研学教育的配套工作机制、有效开展联动宣传工作这几项借助文旅融合推动博物馆研学教育发展的策略，实现了对博物馆研学教育发展的深入分析，希望能够在文旅融合背景下，为博物馆运营水平的优化建设提供参考。

文旅融合是当前旅游业发展的核心策略。此项策略不仅能够借助文化对旅游体验进行升华，还可以以旅游业为载体，进行文化的传播和弘扬，在建设学习型社会、提高群众综合素质方面具有重要的意义。而博物馆作为文化宣传教育的主要阵地，可以基于文旅融合，利用旅游业带动更多的群众前往博物馆参加研学教育，以强化博物馆研学教育的影响力，提升博物馆建设水平。

1 博物馆研学教育发展中文旅融合策略的作用

博物馆研学教育，是文旅、教育等政府部门共同发起的一项教育活动。在文旅融合的背景下，此项教育活动主要针对青少年，并主张利用博物馆的馆藏资源，设计一些能够让学生同时体验旅行、研究性学习的教育活动，由此借助文旅融合的格局，让“学”“研”得以有机融合，提升文化教育工作水平。在以往模式下，博物馆研学教育的影响范围大多均仅限于本地。而通过文旅融合，可以借助旅游业的流动性，让更多来自外地的青少年，获得博物馆研学教育活动参与机会，由此扩大了博物馆的文化教育范围和影响力，推动了博物馆研学教育的发展。此外，就目前来看，各大博物馆均会按照历史脉络对藏品进行梳理和陈列，而且配有现场讲解，这虽然让博物馆成了绝佳的教育场所，但也让其运营成本居高不下。在传统模式下，博物馆的教育影响力辐射范围极为有限，导致其运营成本无法被有效地利用和收回，影响了博物馆研学教育的持续发展。而在文旅融合的作用下，博物馆的接待人数明显增加，由此提高了博物馆的利用率，也促进了成本的收回，推动了博物馆研学教育的可持续发展。以湘西土家族苗族自治州博物新馆为例，该博物馆响应了基于文旅融合的博物馆研学教育活动开展的号召，建立了针对青少年的研学教育。自 2017 年 9 月开放至 2021 年 12 月，新馆共接待青少年参观与研学活动人数达到 124.8 万人次，开展各类主题宣教研学活动 162 场次，其中以馆内基本陈列“血性湘西”为基础的红色主题宣教研学活动 62 场次，直接参与研学教育的青少年人数达到 36 万人次，2021 年 5 月，该基本陈列获得中宣部、国家文物局公开推介，成为庆祝中国共产党成立 100 周年精品展览。这都极大地优化了博物馆的利用率，有助于博物馆研学教育工作的持续深入推进。

2 文旅融合背景下博物馆的定位

现阶段，群众的支配收入水平越来越高，同时其对精神生活的需求也在迅速增大，尤其是在旅游方面。相较于欣赏自然风光，如今的游客更加倾向于体验当地的文化活动，这使得文化性较高的景点成为旅游热点。在此新的情况下，文化旅游产业应运而生。在旅游产业领域，文化和旅游深度融合，可以让游客获得更多的文化体验。在此过程中，博物馆作为一个城市的文化象征，其中蕴含着大量的文化体验资源，并发挥着向群众提供休闲、学习等社会功能的作用，能够帮助群众凝聚自身的民族精神，发展自身的综合素质，共同推动国家、社会的建设发展。因此，在文旅融合中，人们通常会将博物馆设置为重要的旅游景点，其在带给游客优质的文化体验的同时，助力其民族精神的凝聚和综合素质的提升。基于此，文旅融合背景下，博物馆在文旅活动中占据着重要的位置。

3 文旅融合推动博物馆研学教育发展的探索

3.1 积极组织博物馆旅游博览会

在文旅融合推动下，为了让更多群众了解、参与博物馆研学教育，我们应积极借助旅游业这一优秀的载体，通过组织博物馆旅游展览会，提高博物馆的知名度和配套研学教育旅游产品的优势，由此强化研学教育的影响力，推动研学教育工作的发展。在此过程中，可以根据博物馆自身的研学教育特色，制定出相应的旅游博览会主题，以吸引具有相应需求的群众前来参观学习，强化宣传工作效果。以在湘西展开的旅游博览会为例，当地红色旅游资源丰富，同时，红色文化教育也是当地博物馆研学教育的特色，由此确立了红色土地、全面小康的博览会主题，并向人们集中展示了当地的红色旅游资源和博物馆红色研学教育资源，不仅吸引了国内文旅单位前来交流，也提高了群众对当地博物馆红色研学教育的关注度，由此借助文旅融合实现了研学教育吸引力的提升。在旅游博览会开展期间，除了进行线下宣传，大会还迎合当代人网络化、线上化的信息获取习惯，以文章、短视频等形式，向群众展示旅游博览会的盛况，进一步扩大研学教育的宣传范围，强化研学教育活动对群众的吸引力，推动研学教育工作的发展。在此过程中，应当注意，由于目前群众上网浏览信息的方式已经呈现出了移动化的趋势，因此，博物馆在进行线上宣传时，可以考虑重点关注移动网络宣传渠道的建设，并积极申请微博、公众号等移动网络热点媒介的账号用于线上宣传，吸引群众对旅游博览会的关注，由此借助文旅融合为博物馆的研学教育活动引流，为研学教育的发展创造良好条件。

3.2 推进博物馆中研学用馆藏的建设

在文旅融合的背景下，博物馆作为一项重要的文化旅游场所，配套研学教育活动的参与人数会在文旅产业的助力下迅速增加，这就需要博物馆具有丰富的研学用馆藏，以满足不同群体的研学教育需求。博物馆可以针对文旅背景下的研学教育需求，开展馆藏整理建设，让馆藏内容更加丰富，为研学教育工作提供更优质的资源。基于此，博物馆可以围绕研学教育的内容，进行馆藏的整理和陈列，以提高馆藏对教育工作的服务能力，推动教育工作的发展。例如，在湘西土家族苗族自治州博物馆的馆藏建设中，其基本陈列“血性湘西”主要研学教育内容为红色历史内容，因此，该博物馆围绕具体的历史事件、时期，对馆藏进行了分类整理和陈列，并专门设置了辛亥革命展区、红色苏区展区、抗战烽火展区和解放湘西展区，为各项研学教育内容提供了相应的馆藏资源，博物馆通过对展区内容进行讲解，来实现研学教育工作，同时，也让研学教育内容具备了实际的依据和基础，提高了教育内容的具象性，推动了博物馆研学教育工作水平的发展。此外，还要注意，在馆藏建设中，需要按照历史事件发生的顺序，进行馆藏物品的排列，使参与群众得以跟随讲解来观看馆藏物品，由此让展品陈列更加有序，在充分还原历史面貌的同时，强化教育工作的感染力，推动研学教育工作质量水平的发展。此外，在馆藏建设中，博物馆应当重视吸纳一些具有历史纪念、代表意义的藏品。例如，湘西土家族苗族自治州博物馆在建设红色苏区展区时，陈列了通过捐赠等途径征集的给红军治伤用过的兽医手术工具、贺龙同志使用过的烟斗等展品。这些展品承载着当时的历史背景，能够让研学教育内容更具感染力，深入优化了研学教育工作水平。

3.3 强化博物馆研学教育旅游产品的开发

在研学教育方面，虽然文旅融合会为博物馆带来大量的研学教育参与群众，但博物馆依然需要开发出符合群众偏好的研学教育旅游产品，只有这样才能保持文旅融合所带来的热度，推动研学教育的持续发展。在此背景下，前往博物馆参与研学教育的游客以青少年、党员为主，因此在产品开发上，博物馆须重点关注这两个群体的需求，让产品更加精准地服务于参与群体，强化研学教育活动的吸引力。对于青少年群体来说，不同年龄段青少年的理解能力、偏好均存在差异，因此博物馆还要根据年龄将青少年群体细分为小学生、初中生、高中生、大学生，然后按照不同群体的理解能力和偏好，设计相应的研学教育旅游产品，由此满足青少年群体多样化的研学教育需求，促进研学教育活动开展水平的提升。对于党员群体来说，大多数情况下都是由单位统一组织，前往博物馆参与研学教育的，因此博物馆在设计相应的产品时，需要与政府、事业单位展开积极沟通，以全面了解其教育工作需求，然后基于此，进行研学教育产品设计，增强研学教育工作开展效果。此外，在研学教育产品开发时，博物馆还需要不断根据自身馆藏展品的更新、丰富，对产品进行优化，以持续改善产品质量，同时，确立科学、正确的产品设计观念，并始终坚持以受众的需求为核心，不断完善研学教育活动方案，让研学教育活动能够具有更高的群众接受度，由此顺利融入旅游休闲领域，成为游客的“打卡”热点，实现立足于文旅融合格局的研学教育发展。[1]

3.4 做好研学教育发展的人才支持

在研学教育过程中，文旅融合的助力让博物馆与旅游业紧密相连。而在以往模式下，博物馆与旅游业的互动、交互比较少，这使得当前博物馆缺乏文旅领域的人才，在一定程度上制约了文旅融合在发展博物馆研学教育上效能的发挥，因此为了更好地借助文旅融合，优化研学教育工作，博物馆须积极开展团队建设工作，培养一批具有文旅方面专业能力的人才团队，以保证文旅产业与博物馆研学教育的顺利对接，夯实研学教育工作开展的基础。在团队建设中，博物馆应当围绕文旅融合背景下的研学教育工作，制定出完善、详细的培训课程，并将文旅融合方面的专业知识编写到课程中，由此借助培训，引导教育工作人员认识到当前教育工作与文旅产业的融合形势，同时，更加深入地了解文旅产业领域，以便更好地利用文旅产业优势，发展博物馆的科研教育工作。考虑到在文旅融合的推动下，科研教育工作开启了蓬勃发展的模式，这使得教育工作者的工作更加繁忙。因此，为了避免培训活动对教育工作者的正常作业造成影响，可以引入线上培训模式，并借助线上培训软件，让教育工作者得以随时随地自主参与培训活动。在培训中，还要注意定期对工作者进行培训考核，而且要将其岗位待遇与考核结果关联，由此引导其树立起自我提升意识，增强其参与培训的自主性和积极性。[2] 此外，文旅融合背景下，旅游业对研学教育产生的引流作用，博物馆需要引入更多的人才，保证教育工作的有效落实。在此背景下，博物馆可以考虑将旅游业相关的从业经验、专业知识掌握情况，作为招聘考核内容，由此从源头优化工作团队的文旅领域专业知识掌握现状，以便博物馆与旅游业实现更好的对接，为文旅融合推动下的研学教育工作发展提供支持。[3]

3.5 健全博物馆研学教育的配套工作机制

在文旅融合过程中，研学教育与当地的旅游业之间开始建立密切的关系，而为了更好地运营旅游业与博物馆之间的关系，充分利用旅游业的引流、宣传力量，博物馆须确立一套科学合理的工作机制，将科研教育产品与旅游宣传相互对接，借助旅游业引流的同时，也为旅游业提供文化体验资源，由此构建一个双赢的研学教育发展格局，提升博物馆运营水平。在配套工作机制建设中，博物馆需要单独设立一个研学教育部门，负责策划研学教育产品，以及与旅游业的对接，以保证旅游机构与博物馆之间的默契配合。在此过程中，为了保证该部门的规范运行，还要确立一套相应的部门运行规范，针对各项对接工作和产品设计策划工作，编制出科学、合理的工作流程，增强文旅融合背景下，研学教育工作的落实效果。[4]此外，博物馆也要建立一套健全的研学教育工作制度，借此为研学教育工作的质量提供保障，以利用文旅融合，让研学教育工作获得更好的发展。但应当注意，由于各个博物馆的运行状态以及当地的文旅产业发展水平均存在差异，博物馆须根据地方出台的不同建议、意见，结合实际情况，进行配套机制建设，以确保配套机制的运行效果能够达到预期。[5]

3.6 有效开展联动宣传教育工作

在文旅融合背景下，博物馆不仅可以与旅游部门一起开展对研学教育的联动宣传工作，也可以与当地的宣传部门、党史研究部门、新闻机构进行联动宣传。目前，很大一部分地区存在大量的革命遗址，同时当地的博物馆中也都展陈着当地丰富的红色历史文化资源，因此，博物馆的研学教育内容以红色文化为主。在此背景下，博物馆可以考虑将研学教育产品与红色旅游产品进行联动策划，然后再与旅游部门进行联动宣传，以更好地扩大博物馆的影响力，吸引更多的游客前来参与研学教育；还可以与当地的宣传部门、党史研究部门、新闻机构建立合作，为红色党史研学教育共同打造高、精、优的资源，并借助各个部门的文化宣传优势，组织和吸引更多单位组织党员、职工前往博物馆接受研学教育，推动研学教育的发展。在此过程中，博物馆应当积极配合宣传部、党史研究部门，讲好革命党史故事，让红色历史文化更加深入人心，增强研学教育宣传效果。湘西土家族苗族自治州博物馆，在 2021 年度与党史研究部门根据当地人文风情联合推出“我为建党 100 周年献礼”和“一起赶场学党史”两个主题党史学习教育宣传活动，前者展览内容是在馆内举办和宣传，后者则把党史学习教育内容组织好，送到各个县、乡、村去，走进来、送出去两种方式有机结合取得了良好的宣传教育效果。此外，博物馆还要与旅游部门积极展开沟通，不断汲取相关的旅游、文化知识，并借此持续优化自身的研学教育工作及其宣传工作，充分利用文旅融合的驱动力，让研学教育领域得到更好的发展。

4 小结

持续优化研学教育工作的开展效果，可以增强博物馆的文化教育效能。在博物馆运行中，立足于文旅融合大背景，制定科学、有效的研学教育发展策略，可以提高研学教育内容对群众的吸引力、扩大博物馆文化教育的影响范围、优化博物馆的运营水平，从而让博物馆的文化教育功能得以被更加充分地利用，推动各类优秀文化的弘扬。

朱卫华，湘西土家族苗族自治州博物馆

参考文献

[1] 孙蕊. 我国图书馆文旅融合研究回顾与展望［J］. 图书馆研究与工作，2022（2）：19-24.
[2] 胡轶. 文旅融合背景下舟山城市书房发展路径探析［J］. 图书馆研究与工作，2022（2）：82-85，90.
[3] 龙祎玲，王丽霞，张芳丽. 融合“互联网 +”特色的中俄文化交流平台建设之思考：以文化浙江“重要窗口”建设为例［J］. 今古文创，2022（8）：95-97.
[4] 何志丹，潘宇. 基于文旅融合发展的铜官窑古镇景观设计研究［J］. 山西建筑，2022，48（3）：33-36.
[5] 樊晓静. 新时代博物馆社会教育工作探析［J］. 文化产业，2022（3）：85-87.

共同富裕视域下海岛博物馆革命文物创新性传承的路径探析

李飞群

博物馆是传播科学、传承人类文明的重要殿堂，始终承担着传播红色文化，弘扬伟大革命精神的重要使命。共同富裕示范区的建设，给包括区内博物馆革命文物在内的红色资源带来了重大机遇，舟山博物馆把握时代发展趋势，不断创新革命文物工作思路，扩宽渠道、丰富形式，探索红色资源的创造性转化以及创新性发展的新路径，让红色文化展示与传播工作与时俱进，充分激发红色资源的时代活力。

1　重新思考和定位革命文物创新性传承的使命要求

革命文物是我国文物资源的重要组成部分，是具有特殊价值的文物藏品门类，是红色文化的主要物质载体，蕴含着丰富的革命精神和厚重的历史文化内涵。2018 年 10 月，国家文物局印发的《关于报送革命文物名录的通知》中，对革命文物做出了相关规定：革命文物主要是指见证近代以来中国人民抵御外来侵略、维护国家主权、捍卫民族独立和争取人民自由的英勇斗争，见证中国共产党领导中国人民进行新民主主义革命和社会主义革命的光荣历史，并经认定登记的实物遗存。社会主义建设和改革时期彰显革命精神、继承革命文化的实物遗存，也纳入革命文物范畴。革命文物，包括不可移动革命文物和可移动革命文物。革命文物承载着党的光辉历史，蕴含着革命先辈的伟大精神，构成了红色文化的重要内容，是我们党、国家、人民永远的宝贵财富。所以，保护好、研究好、利用好革命文物，意义重大。

党的十八大以来，党中央高度重视革命文物的保护利用，就加强革命文物保护利用、弘扬革命文化、传承红色基因做出了重要论述。2021 年，习近平总书记对革命文物工作做出重要指示："革命文物承载党和人民英勇奋斗的光荣历史，记载中国革命的伟大历程和感人事迹，是党和国家的宝贵财富，是弘扬革命传统和革命文化、加强社会主义精神文明建设、激发爱国热情、振奋民族精神的生动教材"[1]；在党史学习教育动员大会上，习近平总书记强调："中国革命历史是最好的营养剂，重温这部伟大历史能够受到党的初心使命、性质宗旨、理想信念的生动教育，必须铭记光辉历史、传承红色基因。"[2]同年，国家文物局、退役军人事务部联合印发《关于充分用好革命文物资源及烈士纪念设施服务党史学习教育的通知》，国家文物局、教育部联合印发《关于充分运用革命文物资源加强新时代高校思想政治工作的意见》等一系列重要指示为革命文物充分发挥中国革命历史的营养剂作用指明了方向，为新时代新征程中抓党建的使命和方向找到了突破口与努力方向。2018 年 6 月，舟山博物馆启动建设红色教育基地并被列入舟山市首批红色教育基地，经过 3 年探索实践，基地累计接待观众人数突破 100 万人次，革命文物工作不断开创新局面，但仍存在着保护薄弱、挖掘浅显 、传承单一、利用不足等情况。如何使革命文物保护工作常态化、挖掘工作深度化、利用工作创新化，使其更好地服务于中华民族的伟大复兴，是我们必须肩负起的重要历史使命。

2 共同富裕示范区对包括博物馆革命文物在内的红色资源带来的重大机遇

党的十九届五中全会提出“全体人民共同富裕取得更为明显的实质性进展”的目标。2021 年 5 月 20 日，中共中央　国务院印发《关于支持浙江高质量发展建设共同富裕示范区的意见》，浙江省率先开启探索建设共同富裕美好社会建设之路。2022 年 2 月 15 日，浙江省成立文化和旅游促进共同富裕“智囊团”，研究并发布了“文旅共富十条”，其中明确指出，“厚植共同富裕文化底蕴底色，深入挖掘优秀传统文化基因，守好‘红色根脉’，传承浙江文脉，弘扬当代精神……”共同富裕不仅仅指物质丰裕，也包括精神文化生活的富裕。共同富裕示范区的建设，对于区内红色资源的整合提升是一大利好，带来了重大发展机遇。在共同富裕示范区背景下，对革命文物资源科学合理地整合、开发、利用，对于提升红色教育展示传播水平，促进革命精神的弘扬与发展，具有重大的理论价值和实践意义。

第一，红色资源是打造海岛风景线的“重要窗口”。有着“千岛之城”誉称的舟山市位于浙江省东北部，四面环海，是我国第一个以群岛建制的地级市。舟山群岛不仅历史悠远，而且具有光荣的革命传统，这些革命传统是中国共产党在百年奋斗中形成的政治觉悟、革命斗争精神、高尚品质和优良作风的集中概括，具有不可替代的凝聚力和强大的号召力。为更好地用好用活“家门口”丰富的红色资源，把最接地气的红色资源保护好、管理好、运用好，使其成为凝聚奋进力量、推进党的自我革命、永葆党的生机活力的重要抓手，舟山市充分利用海岛红色文化资源，以“挖掘 + 认定”、“修缮 + 保护”和“活化 + 利用”的方式，传承红色文化基因，讲好红色文化故事，全面点亮海岛“红色风景线”，让红色资源成为海岛风景线的“重要窗口”。

第二，红色资源是点燃共同富裕的“精神火花”。在共同富裕背景下，地方红色资源在社会经济发展中的作用与机制日益凸显。通过描绘“红色地图”、弘扬“红色精神”、传承“红色基因”，“红色”根脉成为点燃共同富裕的“精神火花”。多年来，舟山市非常重视红色资源的保护利用，以红色文化资源禀赋增强红色旅游的吸引力。2021 年，舟山充分挖掘红色文化和旅游资源，连点成线、串珠成链，推出了 10 条红色主题旅游线路，成功创建舟山鸦片战争纪念馆 AAA 级红色旅游景区，打造了金维映故居等研学基地 5 家。舟山博物馆“走读昌国——舟山文化遗产零距离体验活动”和普陀区“传承红色基因 弘扬新时代蚂蚁岛精神——蚂蚁岛人民公社旧址保护利用案例”分别入选全国博物馆研学旅游特色项目和乡村遗产主题旅游项目。红色文化资源为美丽海岛旅游产业发展装上了红色引擎。

第三，红色资源是汲取民族精神的“力量源泉”。历史是最好的教科书，红色资源是国家发展中形成的重要精神财富，是革命基因和民族复兴的“精神坐标”。位于舟山市普陀区的蚂蚁岛，在“全国艰苦创业先进典型”的奋斗史中，淬炼出“艰苦创业、敢啃骨头、勇争一流”的蚂蚁岛精神。时任浙江省委书记习近平同志在 2005 年调研蚂蚁岛时提出，蚂蚁岛精神不仅没有过时，还要继续发扬光大。2020 年，舟山市委七届九次全会正式把蚂蚁岛精神提升为新时代的舟山精神。以蚂蚁岛精神为发展之魂，努力挖掘舟山精神之内涵，把这些红色资源转化为滋养中华儿女的“红色营养”，是进一步弘扬新时代的“红色精神”的力量源泉。

3 舟山博物馆革命文物创新性传承的路径及实践

在新时代党和国家事业发展的背景下，博物馆作为传播科学、传承人类文明的重要殿堂，作为满足人民群众美好生活向往、实现精神文化生活共同富裕的主要阵营，迫切需要加强革命文物的资源整合，迫切需要对革命文物的价值进行挖掘、阐释、传播，迫切需要发挥服务大局、资政育人、推动发展的独特作用。为此，舟山博物馆把握时代发展趋势，不断创新革命文物工作思路，扩宽渠道、丰富形式，探索红色资源的创造性转化和创新性发展的新路径，让红色文化展示与传播工作与时俱进，充分激发红色资源的时代活力。

3.1 创新形式，提升革命文物展示与传播水平

3.1.1 坚持地域性原则，盘活地方革命文物资源，策划主题展览

地方革命文物资源，是指产生于一定地域，具有地方文化独特精神气质的革命文物资源，具有较强的政治功能、经济功能、社会功能和文化功能，对推动区域经济社会发展，人文精神滋养，特别是资政育人、党性教育方面意义重大，作用与影响日益凸显。舟山博物馆全面盘点馆藏革命文物，进一步审视红色资源，依托革命文物、红色资源、遗址器物等文化元素，提炼本土概念，凝聚文化情感，通过丰富多彩、形式多样的展览充分塑造了舟山人的“红色精神”。

自主策划革命主题展览。2020 年是第一次鸦片战争爆发 180 周年，在这场战争中，舟山两次为侵华英军所攻占，舟山军民为保卫家园付出了沉重代价。同时，2020 年还是舟山解放 70 周年，70 年前强大的人民解放军渡海作战，解放舟山，使舟山走上了新的历史轨道。为深刻展示这两场对舟山历史进程产生了深远影响的战争，让广大市民在博物馆中抚今追昔、不忘历史，舟山博物馆自主策划完成“战海山——纪念舟山军民抗英斗争 180 周年”与“蹈海——纪念舟山解放 70 周年”两个本土革命主题展览。尤其是“蹈海——纪念舟山解放 70 周年”展览策划过程中，馆方征集了 40 余件与解放舟山直接相关的革命文献史料，包括舟山解放捷报、报道舟山解放的旧报纸和参加舟山战役的解放军部队发行的军报等；与驻舟山某部、舟山市公安局、舟山市档案局和普陀区档案局进行了联系与沟通，借用了一大批珍贵的历史资料、革命文物，以生动的展陈形式让观众在端详这些当年的革命文献史料和实物时，重温 70 年前那场波澜壮阔的蹈海之战。该展览荣获了 2020 年度 100 项“弘扬优秀传统文化、培育社会主义核心价值观”主题展览称号。

联合举办主题热点展览。2021 年是中国共产党成立 100 周年。100 年来，我们的国家和民族都发生了翻天覆地的变化。其中，国防实力的变化是十分显

著的一面。人民解放军海军作为我国武装力量的重要组成部分，在海洋权益日益为各国重视的当下，也受到越来越多的关注。近年来，国产航母、万吨大驱、新型两栖攻击舰等先后入役，人民海军日新月异的发展也着实令人欣喜和关注。地处东海之滨的舟山，历来是我国海防重地，也一直与海军有着密不可分的联系。7 月 1 日，舟山博物馆联合驻舟海军部队策划举办“从这里，航向深蓝——舟山与人民海军特展”。此次展览选取了“舟山与人民海军”这一独特角度，抓住舟山的地域特色，深度挖掘舟山与人民海军的联系，以小见大。展品以新旧战舰舰模为主，以“舰”证史，从军舰的更新迭代中反映人民海军的强军航迹，以功勋战舰的战斗故事彰显人民海军战士的英雄气概，讲述不同历史时期舟山的海军故事，很多珍贵的海军历史文物和海军新旧战舰船模都是首次公开展示，为展览增加了颇多亮点。该展览荣获了 2021 年度 100 项“弘扬优秀传统文化、培育社会主义核心价值观”主题展览荣誉称号。

打造沉浸式体验，增强情感体验。沉浸式体验在心理学领域是指当人们在进行活动时如果完全投入情境当中，注意力专注，并且过滤掉所有不相关的知觉，即进入沉浸状态。当观众获得沉浸式体验时，会更全神贯注于展览，会有高度的兴奋和充实感，并留下更深的印象。在“蹈海——纪念舟山解放 70 周年”展厅入口的墙上，设计张贴了一张张舟山本岛解放当天的《文汇报》《大公报》《人民日报》……把“舟山解放”的喜讯放在了头条的位置，极好地调动观众的情绪，激发观众的想象力，唤起情感共鸣，引起更深层次的关注和参与。同时，展厅墙面上播放舟山解放当日的盛况，一段 3 分多钟的黑白视频生动再现了“孩童在滩涂上捡螃蟹，解放军进城，舟山民众在街上游行庆祝解放……”的军民共建感人画面。观众看到熟悉的街道，感受着这 70 年舟山的巨大变化。70 年，似乎很久远，又似乎没有那么久远。另外，在“从这里，航向深蓝——舟山与人民海军特展”策划中，我们模拟军舰造型，布置互动体验装置，伴以阵阵涛声，营造了人在舰中行的氛围，鼓励观众在其中自由活动、探索，充分地与展品达成互动，人们的视觉、听觉、触觉等感受被极度放大，形成了极强的沉浸感。馆方还设置了重温入党誓词空间，并以模拟海军日常、观看海军影片等方式，引导广大青少年学习党的光荣历史、弘扬党的革命精神，在他们心中播下“知党、敬党、爱党”的种子，传承红色基因，让革命薪火代代相传。

3.1.2 坚持原真性原则，激活革命文物新内涵，讲述海岛特色红色故事

原真性，是文物保护修复的基本原则，也是挖掘文物内涵的核心理念。从“物”的层面来说，是在原貌破坏的情况下，修复要以历史真实和可靠文献为依据，保全现存实物原状与历史信息；从“事”的层面来看，则是尽可能还原历史事件本来面目。舟山博物馆在深入挖掘革命文物的红色资源的内涵价值和现实意义时，紧紧抓住“原真性”，既不片面解读，也不过度加工，及时将研究成果转化为服务青少年教育的鲜活素材。通过通俗化讲述、策划研学课程和教育实践活动，激发“知史爱党、知史爱国”的情感，充分发挥革命文物的教育价值。

开设“纸上博物馆”革命文物说。2018 年 1 月，舟山博物馆和舟山晚报社联合打造了“纸上博物馆”栏目，目的就是借助舟山博物馆具有特色的陈列展览、丰富的藏品，以及《舟山晚报》强大的发行量和影响力，来进一步传播舟山文化。2021 年，开设“纸上博物馆”革命文物说，深度挖掘馆藏革命文物和文献资料内涵，为民众讲述革命英雄故事，让革命文物故事走进千家万户，将这些英雄的故事流传下去。其中《70 年前的捷报，吹响舟山解放的号角》《70 年前的今天，舟山的解放日》《漂海归来的英雄——付祥明》《〈华东前线〉与东海游击纵队》等震撼人心的英勇事迹，得到了本地人民群众的深切的情感认同。同时，将《小艇担大任——解放嵊泗作战中的人民海军登陆艇》《“长治”舰起义官兵合照》《一盏老式煤油灯，照亮革命前行路》革命故事推送到学习强国平台，向全国人民展示舟山的革命历史和红色文化，充分发挥博物馆革命文物文化育人的影响，增加红色资源学习教育的“磁力”。

开发红色研学课程。在“蹈海——纪念舟山解放 70 周年”展览展品征集过程中“挖”出了许多精彩的故事。比如第七兵团的兵团报《华东前线》的画刊图文并茂地描述了一位登步岛之战中的战斗英雄傅祥明的传奇故事；一盏老式煤油灯，是中共浙东临委在浙江省舟山市定海县（今定海区）茅洋林家召开东

海工委扩大会议时使用过的，见证了一段解放战争时期舟山的革命史，等等。馆方结合这些文物展品，将文物信息、社会背景、人文故事、科学认知进行二度开发，阐释文化内涵，实现人文故事与文物科学认知的有机结合，形成了以“文化基因、文物故事、文博技能”为内涵的课程体系，研发了“藏在古诗词里的文物”等红色研学课程，如《灯的故事》，从地域文化、红色文化两个角度提取了“海上的明灯”“永不熄灭的历史之灯”不同的主题。“海上的明灯”通过舟山非遗展品“灯”，重点介绍舟山独特的海洋文化元素“灯塔”。舟山海域，灯塔荟萃，指引着航船避险，借助“灯塔”向民众介绍这些风俗，唤起舟山人民的历史记忆。“永不熄灭的历史之灯”通过“油灯”，结合艾青的《灯》“盼望着能到天边　去那盏灯的下面——而天是比盼望更远的”，巴金的《灯》“在这人间，灯光是不会灭的”，进一步诠释盼望光明、追求自由的伟大民族精神，为我们保护革命文物、弘扬革命文化，传承红色基因，提供科学引导。

3.1.3　坚持时代性原则，鲜活革命文物传播新方式，推进互联网＋革命文物

随着新技术、新平台与新业态的迅猛发展与快速崛起，博物馆教育传播模式正被悄然改变，并呈现出数字化、智慧化、多元化的特点。舟山博物馆在革命文物传承发展的过程中，与时俱进，不断创新，既保留文化时代性特征，又与新时代紧密结合，让革命文物绽放时代光芒。

建立新媒体矩阵，创设全渠道传播。借助新媒体技术，制作数字展览“从这里，航向深蓝——舟山与人民海军特展”“蹈海——纪念舟山解放70周年”等，并积极与广播电台、大舟山网络、晚报传媒等平台合作，开辟融媒体矩阵，丰富内容供给新样态，拓展话语表达新方式，策划了《漂海归队的英雄》专题微视频，借助融媒体力量，循环播放；推出“耳朵里的博物馆——人民海军的故事”“舟博直通车——建党100周年物证征集”，开设“海军家属话舟山”“微心愿微祝福”等专栏，利用语音、视频、图片、在线直播等进行数字化技术重构和场景再现体验，创造了一种与公众对话的全渠道传播，转化为公众看得见、摸得着、生活化、多样化、立体化的个人体验。让观众对博物馆、对相关的展示内容产生兴趣，从表象深入其情感与精神的本质部分，从而被打动、被认同、

被共鸣，促进文化信息的高效传达，真正实现博物馆“为社会和社会发展服务”的价值与社会使命。

引导多感官体验互动，让革命文物活起来。认知心理学中指出，“感觉为人类提供了内外环境的信息，保证了机体与环境的信息平衡，是一切较高级、较复杂的认识活动的基础，也是人全部心理现象的基础”。[3] 有研究证明，通过设计不同的展示可以塑造不同的观众感觉，刺激的广度和深度决定了观众感觉的多样性。相比传统展示传播，运用新媒体技术可以带来更快的信息传播速度和更大的容量的优势。为更好激发加深观众更多种类的感官感受，营造丰富的感官体验，舟山博物馆在“多媒体互动墙”设置了革命文物板块，通过轻击图片，可随意放大、缩小、多角度观察革命文物的细节，让文物转起来，满足年轻人“随时随地观赏、随心随意分享”的传播欲，进一步激发了文物展示的热度、炫度、广度、深度。同时，馆方创新出“博海行舟”新媒体读物，将革命文物、展览视频等内容进一步改编、整合、深化，制作电子月刊持续发力再次传播。坚持精而不杂、趣味探秘、深度学习的阅读风格定位，力求将文物特色鲜明、受众喜闻乐见、社会反响良好的作品普及更多的人。电子月刊一经上线就深受广大读者的欢迎，成为丰富内容、文化体验优质的新媒体读物，取得了良好的社会反响。

3.2 塑造品牌，打造红色基因传承工程

为深入挖掘海岛传统文化遗产内涵，让深藏在广袤大地上的文物活起来，唤醒人们保护意识，实现“保护为主 合理利用”双赢，舟山博物馆打造“走读昌国”区域性文化品牌活动。该活动于 2009 年推出以来，以小岛上“不可移动文物、遗址、遗迹、村落”为基础，由社会各界人士参与、组成联合队伍，走进各个岛屿，关注、了解舟山小岛建设对文化遗产的保护措施，发掘可开发、可利用的古村落、古建筑、古遗址、古遗迹，以更好地宣传、促进舟山文化旅游品牌建设。十几年来，“走读昌国”深受当地老百姓的欢迎，被评为 2018 年浙江省民生获得感示范工程。

3.2.1 提炼红色基因，整合精品文化走读路线

近年来，“走读昌国”顺势而为，以“党的光辉照我心”为主题，以传承红色基因、讲好党史故事、汲取前行力量为主线，以党建中心、古战场、古遗址、文化礼堂为主阵地，通过参观、考察、讲座等形式，深层次介绍中国共产党带领中国人民在社会主义建设中的感人故事，以党的奋斗精神鼓舞人，以革命先烈的英雄事迹感召人。同时，通过主题设计将160余处不可移动文物有效地串联起来，共整合了92条精品文化走读路线，先后进行过白泉（文化遗产）行、临城（抗战遗迹）行、马岙（史前文化）行等，从古村落深入到红色革命遗迹，让市民进一步了解舟山历史，激发爱国主义情怀。通过“走读昌国”活动，人们重新来到了抗击外来侵略者的古战场、名人志士的深宅旧院、海上贸易的遗址、荒草淹没的交通要道，多角度透视舟山本土的历史文化遗产，唤起对舟山本土文化的独家记忆和情怀，实现对传统文化、红色文化的保护与传承。

3.2.2 采用多层次体验模式，实施红色基因传承工程

“走读昌国”采用“实地探寻+零距离体验”等模式，让市民亲临现场参观、考察，深层次了解活动地点背后的故事，活动过程中穿插红色文化遗产的展示与互动，变现场为课堂，变红色历史素材为教材，变传统教授为互动交流的新体验，实现多层次的体验模式。大力开发角色扮演、场景再现、隔空互动等更具体验感、更富感染力、更丰富多彩的形式，让市民在“看、听、思、悟”中感受红色文化的熏陶、榜样力量的鞭策、红色文化的洗礼。同时，积极开展馆校合作，实施“革命文物进校园，红色基因传承工程”工程。2021年，组织近百名学生在革命老区展茅开展“走读昌国——闪闪小红军 重走长征路”童心向党教育实践活动。活动以重温入队誓词、学唱红歌、参观展茅革命史迹陈列馆、参观茅洋会议旧址、模拟“重走长征路”、学习担架制作、伤员包扎等方式，让学生在走进红色、体验红色、讲述红色故事中，传承红色基因，感悟长征精神，激发了学生爱党、爱国、爱家乡的情感。

3.3 贴近群众，开展红色资源融合发展

3.3.1 让红色故事从群众中来到群众中去

“人民，只有人民才是创造世界历史的动力”，“群众是真正的英雄”，不管是蚂蚁岛精神，还是钱塘江围垦精神，都充分体现了人民群众才是历史真正的主角，人民群众才是红色资源的主体。离开了人民群众，一个地方的发展史、奋斗史、革命史就失去了源泉和活力。大力开展地方革命文物征集，发挥好红色资源“好教材”“活教材”的作用，让红色藏品从群众中来到群众中去。比如，舟山博物馆在“蹈海”展览藏品征集中，发现舟山游击支队、东海游击总队、参战解放军和积极参与支前的水手民工都是“蹈海而战”的主角。如何把这些普通英雄、革命主角的故事进行传播传承？成立红色宣讲团！组织“守好红色根脉，书写青春忠诚”青年宣讲团走入基层，将这些具有地方特色的革命故事送至群众身边，将舟山战役中一个个英雄故事还原给群众，使广大青年当好革命历史的讲述者和革命精神的传承者；成立“东海渔嫂”护宝员队伍，以“志愿”与“公益”服务为基础，以立足助力文物安全和文物故事宣讲为核心，组织开展文物安全巡查检查和宣传教育，展示新时代巾帼作为，建设新时代舟山精神“半边天”；重新梳理红色资源，提出“带革命文物下海岛”理念，策划适合走进基层的革命文物展，以图文为主、若干件实物为辅的策展思路，走进街道社区、部队、乡村等，辐射基层，让红色教育走进群众。

3.3.2 推动红色资源，与蓝色海洋、绿色生态融合发展

红色资源是文化底色，是精神引领，依托现有的红色文化资源，将红色旅游资源与独特的海洋文化内涵以及丰富的绿色生态资源深度融合，全方位展现舟山文旅的生命力。2021 年，舟山博物馆策划“传承红色精神，守护蓝色生命线”世界海洋日主题活动，该活动荣获“2021 年度全省博物馆优秀青少年教育项目”称号。自 2016 年起，主题活动已成功举办 5 届，活动深度融合“红蓝绿”，主要包括展厅观展、知识课堂、互动游戏、海岛走读等环节，通过“重参与、重过程、重体验”的活动方式，探索多维度的海岛历史，挖掘海洋文化中的

“红色根脉”。“党史中的舟山地名”展览，通过追寻一个个丹赤尽染的“红色地名”，品地名故事，学百年党史；海岛走访环节，通过寻访红色足迹，回望百年党史，领略人民海军于乘风破浪中披荆斩棘，于战火纷飞中同舟共济，于百年风雨中革故鼎新。红色是文化底色，蓝色是地域本色，绿色是发展亮色，舟山将“红色”文化底蕴与“蓝色”“绿色”生态资源整合，相互促进、相得益彰，形成共建共荣的繁荣局面，走出一条“红蓝绿”交相辉映的特色旅游发展之路。

李飞群，舟山博物馆

参考文献

[1] 习近平. 切实把革命物保护好管理好运用好 激发广大干部群众的精神力量［N］. 人民日报，2021-03-31（1）.

[2] 习近平. 在党史学习教育动员大会上的讲话［N］. 人民日报，2021-04-01（1）.

[3] 彭聃龄. 普通心理学（第5版）［M］. 北京：北京师范大学出版社，2019.

革命纪念馆红色教育的实践探析

廖锦汉　薛　莲　程薇薇　张瀚巍

革命纪念馆、党史馆等都是党和国家的“红色基因库”。为了把红色资源利用好，把红色教育实践好，把红色基因传承好，本文以沪宁地区的革命纪念馆的展览和宣教工作为例，从高度、深度和广度等三个维度对革命纪念馆红色教育的实践进行研究。

党的十八大以来，习近平总书记在不同场合多次强调，革命博物馆、纪念馆、党史馆、烈士陵园等是党和国家红色基因库。要讲好党的故事、革命的故事、根据地的故事、英雄和烈士的故事，加强革命传统教育、爱国主义教育、青少年思想道德教育，把红色基因传承好，确保红色江山永不变色。

作为党和国家的红色基因库，革命纪念馆对红色教育的实践，有别于其他博物馆和文化场馆。它更注重将红色资源背后的革命故事及其精神内涵挖掘出来，更注重通过各种形式和手段，让广大观众尤其是青少年了解中国共产党的革命历史，传承先辈们的革命精神，从而实现红色基因的代代传承，革命文化的有力弘扬。

在革命纪念场馆、档案馆中，展览和宣教无疑成为重要功能。无论是展览还是宣教工作都是直接面向观众的，因此最能传达出红色文物、档案的感染力和生命力，能真正融入观众的生活，走进观众的心坎里，让观众感悟革命文物、档案背后所蕴含的红色精神，身临其境地产生共鸣。为了把红色文物、档案利用好，把红色基因传承好，把革命文化弘扬好，本文以沪宁地区的革命纪念馆的展览和宣教工作为例，从高度、深度和广度等三个维度对革命纪念馆红色教育的实践进行研究。

1 一个好的展览宣教，首先要有高度，站位高、立意高、技术高

站位高，即展览宣传要契合国家战略，讲好国家故事。立意高，指的是展览宣传必须紧扣时代发展主题，抓住观众的观展心理，让展览宣教的精髓深入人心。技术高，则要求展览宣教的形式和手段紧跟科技的发展和审美的需求。为此，我们需要革新传统纪念馆的展览宣传形式，摒弃史料、图片堆砌等宣传手段，深度挖掘鲜为人知的文物、档案和史料，吸引观众。例如，上海龙华烈士纪念馆、上海淞沪抗战纪念馆、上海四行仓库纪念馆、南京抗日航空烈士纪念馆等纪念馆，就通过创新展览方式，更好地宣传了革命故事。

上海龙华烈士纪念馆（以下简称上海龙华馆）以一条鲜明的主题线贯穿整个展览，对英雄人物背后的故事进行提炼、提升，并灵活运用多种艺术手段和先进的展陈科技手段，增强观展的仪式感，无论是在观展前的祭扫仪式，还是序厅中“动态雕塑”表达的照亮信仰的殿堂，都是为了抓住观众的观展心理，强化他们对历史和人物的了解，使他们内心深处的爱国情感自然流淌出来，真正做到了“将远去的历史拉回到眼前，把静态的历史活化，将观众投射到历史中，让他们自己心中的英雄活化，让英雄之光照亮自己的心灵”[①]。

上海淞沪抗战纪念馆（以下简称上海淞沪馆）在多媒体和场景展示中，构建了情境化空间，增强沉浸式、互动式体验，大大吸引了观众的眼球。

---

① 上海龙华烈士纪念馆薛峰馆长 2020 年口述。

上海四行仓库纪念馆（以下简称“上海四行馆”）依托独特的遗址优势，从馆外布满弹孔的外墙到馆内的实物、雕塑等，多处复原当时当地的战争场景，再现人物的动作、语言等，让观众身临其境。

2021 年，南京抗日航空烈士纪念馆（以下简称“南京抗馆”）紧扣建党 100 周年主题，先后推出了“红色战鹰——郑少愚”“红色丰碑——抗战时期中国共产党在南京”“红色飞鹰——笕桥航校中走出的中国共产党人”“华南抗战的光荣旗帜——东江纵队”等一系列红色主题展览。展览政治站位高，从不同角度，展现了建党早期、抗战时期、新中国成立及现代化强国建设等不同时期，一代代中国共产党人的初心坚守和使命担当。展览立意高，被江苏省委党校、南京大学、市区各级档案馆的专家教授评价为：从新的视角，解读南京地区抗战的红色历史，是一次深刻的党史学习教育体验，也是红色文化资源活化利用的重要典型案例。展陈手段与时俱进，技术高。采用线下实体展览和线上 VR 虚拟展览相结合的形式，满足了新冠肺炎疫情防控期间观众足不出户的观展需求。

为纪念中国人民抗日战争暨世界反法西斯战争胜利 75 周年，庆祝中华人民共和国成立 71 周年，南京抗日航空烈士纪念馆联合凤凰网江苏频道、南京市社科联共同合作举办纪念中国人民抗日战争暨世界反法西斯战争胜利 75 周年“祖国在心中，英烈励我行”原创诗歌征集及现场诵读快闪活动。该活动站位高，契合社会主义核心价值观，从抗战到抗疫，铭记历史、缅怀先烈，体现爱国主题；该活动立意高，从过去、现在、未来三个层次讲述革命文物的故事，激发广大市民尤其是青少年的爱国情怀，树立报国之志；该活动技术高，以图文短视频的诗歌快闪形式，通过自媒体的微信、微博及国家省市的融媒体等广泛发布，较为新颖，传播广泛。该活动被国家文物局评为“2021 年度中华文物全媒体传播精品（新媒体）”入围项目，成为江苏省唯一获奖项目。

2 一个好的展览宣教，要有深度，基于丰富的文物、档案及其深入的研究

2.1 创新征集思路，为展览宣教的开展提供充实的红色文化资源

红色文物、档案是衡量一个革命纪念场馆馆藏、展陈和研究水平的重要指标。红色文物、档案征集是革命纪念场馆的基础工作，是革命纪念场馆赖以生存的支柱。

为深入贯彻落实习近平总书记“让历史说话、用史实发言”重要指示精神，2021 年南京市档案馆携手南京报业传媒集团，组织开展“百年华诞•百件珍档——红色百年南京印记”档案征集活动，截至 4 月中旬，该馆共收到各单位报送（包括本馆馆藏在内）的珍贵档案 94 组，300 余件；接收市民捐赠档案资料近百件，其中捐赠的资料大多为个人保存的照片，其次是证件证书，少部分为视频。这些丰富的档案不仅充分见证了中国共产党的百年辉煌，更为活动的成功举办奠定了重要的基础。

2.2 深入挖掘文物、档案背后的故事，提炼文物档案凝聚的精神内涵

红色文物、档案征集的数量和质量一定程度上影响着展览的效果和观众的兴趣，一个好的展览一定会有一些重量级的文物史料。征集到的文物，一定要深入研究，挖掘其背后的故事，从中提炼出革命精神。一个有质量的展览宣传，一定是有灵魂、有思想、有精神内涵的。观众透过这些具有灵魂的红色资源，才能真正被打动。

南京抗馆 2021 年推出了“红色丰碑——抗战时期中国共产党在南京”专题展，该展览整合市区两级 6 家档案馆红色档案，策展人从上万份档案中，挖掘整理了近 200 件珍贵档案，深入挖掘研究档案背后的故事。一张临时党员证的背后是中国共产党人“全心全意为人民服务”的宗旨。一张张泛黄照片诉说着在

抗战烽火中，一批又一批优秀的年轻女性冲破黑暗，参加革命，加入党领导的抗战队伍中，年轻的她们为了共同的理想相聚，笑容里辉映着青春的芳华。《苏南区乡镇政府组织法》第一章“总则”的第一条中就这样写道：“为实施民主政治，使人民得以监督和管理政府，充分发挥抗日力量，争取抗战胜利，建设独立、自由、幸福的新中国。”档案《怎样做乡长》，从要求、认识、标准、道德、品德、职权等6个层面，规定了怎样做乡长。档案《做一个好模范乡长的保证书》中这样写道：“为什么做一个好模范乡长？因为要帮助人民，要保护人民，要做到大公无私、不腐化、要团结合作、努力生产，努力学习。”这封保证书既有对本职工作的要求，也有对作风建设和党风廉政建设的保证，是抗战时期党风廉政建设、纪律建设的一个典型案例。

从这一系列的档案中，我们能清楚地感受到中国共产党一以贯之的宗旨和目标，能切实体会到抗战时期的中国共产党人就是为了国家的独立、民族的自由、人民的幸福而战。

2.3 优化研究队伍，破解革命纪念场馆专业人才不足的困境

目前，全国各大革命纪念场馆普遍存在研究征集人才断档、展览宣教人才断层的情况，因而加强革命纪念场馆的人才梯队建设迫在眉睫。综合来看，各个场馆根据实际工作需要，编制人才发展和培养的规划，积极向上级部门申请适当增加展览、宣教及研究等的人才编制，通过公益性岗位配齐革命纪念场馆的专（兼）职管理人员，加强对在职红色文化人才的业务培训，鼓励和发动更多的红色文化爱好者参与党史研究，从而凝聚一批有较高专业素养的人才队伍，为革命纪念场馆的展览宣传奠定基础。

例如，南京抗馆结合自身发展需要和实际情况，针对人才建设发展，制订了“三步走”的计划：一是有针对性地加强现有人才的培养，通过“请进来、走出去”等形式，开展针对征集研究、展览宣教等的专业培训，提高现有人员的整体素质；二是从高校，尤其是名校引进征集研究、展览宣教方面的人才，及时补充新鲜血液；三是梳理景区现有的专家和人才，关心重用、奖励提拔现

有专家、人才，鼓励“以专带人”“以老带新”，发挥革命纪念馆人才的专业榜样和示范作用。

3 一个好的展览宣传，要有广度，对形式和内容，受众和同行皆须综合考虑

3.1 增强仪式感、参与感，针对不同群体开展特色化主题宣教活动

针对不同群体，通过生动形象地展示以“人、事、物、魂”为载体的革命精神，使红色文物、档案成为党员干部和青少年的“加油站”。“以用户为导向，广泛征求受众的意见，充分发挥革命纪念场馆的功能与作用，挖掘红色文物、档案等，解读其精神内涵，强化爱国主义宣教。”与各大中小学校及企事业单位联动，为大中小学校、企事业单位提供量身定制的爱国主义宣教形式。

除传统形式的展陈、宣讲等宣教形式外，还可以进一步深化宣教的服务产品，进一步转化文史研究成果，通过仪式性、参与性、体验性、展览性等项目，将宣教与游学、研学、工学相结合，在学习工作中，将爱国主义变为活化的情感，将爱国主义变为可实践、能落地的实实在在的行动。[1]

针对不同年龄阶段的学生，为进一步培育和弘扬以爱国主义为核心的社会主义核心价值观，南京抗馆深入挖掘馆藏抗战档案资源，联合南京市部分高校将抗日航空烈士的英勇事迹策划为“六一节礼物”“开学第一课”“红色文化文艺汇演”“红色文化讲坛”系列品牌爱国主义宣教活动，以文化讲座、手势舞及情景剧表演、家书及诗歌诵读、线上凭吊等形式开展进校园、进军营、进社区活动，获得了南京市大、中、小学校的充分认可。与此同时，我们还积极开展丰富多彩的研学游活动，其中“听！文物在诉说”研学游项目，活化利用抗战文物，普及文物知识，学习文物背后的故事，让展柜里高冷的文物与广大青少年来一次近距离的接触，让沉睡的文物活起来。

针对大学生及成年人，南京抗馆在馆内标志性建筑“正义之神”广场上设

置红色主题教育宣传牌，在抗日航空烈士纪念碑前制作大型固定的中国共产党党旗，方便社会各界重温入党誓词，让党史宣教更有仪式、参与感，增强红色文化氛围，提升思政宣教水平。浓厚的文化氛围吸引了南京市及周边地区大量的党员、群众及大中小学生，使得景区文博场馆成为开展党史学习宣教的热点和重要“打卡点”。

通过深入解读抗日空战史、人物及遗物等内容，南京抗馆专门在航空烈士公墓增加了“英烈在我身边”沉浸式情景教学，讲述包括在该馆英烈碑上镌刻的 4 296 名中外抗日航空英烈中，发现的第一位中国地下党员“红色飞鹰——郑少愚”，还有抗日空战中，舍身撞敌机的爱国飞行员——陈怀民以及援华参战的“国际主义战士——库里申科”的光荣事迹。展馆以文物、遗址、仪式、讲述相融合的形式，增强企事业单位党员、广大青少年及其他观众党史学习宣教的参与感，让受众在身临其境的党史学习教育和文化熏陶中产生共鸣，感悟革命精神的内涵。

此外，南京抗日航空烈士纪念馆还在馆内针对不同社会群体，举办了“三大系列九个主题”的党史专题讲座，体现出了个性化的宣传宣教形式。针对企事业单位党员开办的党史专题讲座“中国式现代化——从航空救国到航空强国”“红色丰碑——抗战时期中国共产党在南京”“赤胆忠心邢海帆”“从航空先驱事迹感悟建党精神”，针对广大青少年开办的关于核心价值观主题的讲座——“从‘阵中无勇非孝也’到‘爱国三问’”“从林恒烈士的事迹看家风传承”，普及爱国主义教育的“回家——中国共产党领导的两航起义”“南京保卫战中牺牲的空军将士”“胜利的荣光——从芷江洽降到南京受降”“鹰击长空 义薄云天——中国红武士刘粹刚”。

3.2 通过线上、线下互动，增加展览宣教的受众面

无论是展陈展览还是宣传宣教活动，革命纪念场馆需要紧跟时代步伐。公益二类事业（差额拨款）的文博场馆，因在新冠肺炎疫情防控期间大量观众流失，生存面临困难，征集、研究、展示、教育工作更是受局限。此时，革命纪

念馆要充分综合运用自媒体和传统媒体，灵活机动地开展展览宣教工作。除了基本陈列外，当前很多场馆的展览展览都已运用数字化展览，展览手段更加灵活多变，形式更加丰富，与观众的互动性也更强。我们只有通过各种数字化的展览和分享，才能让更多的观众参与场馆的宣教活动，才能覆盖更广泛的人群，真正提升宣教的广度。在利用自媒体制作抗战档案爱国主义宣教的语音、课件、微电影、微视频的同时，革命纪念场馆也通过拍摄纪录片、制作展览、宣传画、开设讲座、出版书籍等传统形式进行宣传。

为了改变“养在深闺人未识”的现状，让更多的人了解抗战历史，走进革命纪念场馆，更好地发挥场馆的社会宣教功能，南京抗馆从 2020 年 7 月开始，推出了线上“抗馆微课堂”，定期在钟山风景区官方微信公众号和服务号推送。面向社会全方位、多角度地解读抗战文物，普及抗战历史知识，借助网络传播力量持续向外发声，宣传抗馆的效果。截至 2021 年底，微课堂共发布 30 余期，浏览量已超 10 万人次。

此外，南京抗馆还举办了“讲述英雄故事、传播爱国声音”系列宣教活动，至今已举办了 41 场。活动以“讲述英雄故事　传播爱国声音”为主题，以“珍爱和平、开创未来”为思路，以线上线下相结合的形式，开展了微展览、讲座、家书诵读、情景剧表演、抗战文化宣教体验等活动。之后，南京抗馆为了适应融媒体时代的宣传需求，增加了线上传播渠道，如钟山风景名胜区微信公众号、“抗战文化讲坛”。南京钟山风景区微信公众号在重要纪念日和时间节点推送抗日航空英烈事迹的图文微音频、“一分钟微课堂”，让广大市民感悟航空英雄的爱国情怀。南京心汇心公益基金会的小步阳光支教云平台，为中西部希望小学量身打造雏鹰暑期微课堂，在青少年的心中播下爱国的种子。2020 年南京抗馆与南京市社科联合作，于 7 月 7 日至 9 月 30 日，在南京新闻综合广播 106.9《听见》栏目晚高峰，将 8 期英雄故事通过电波传播给南京市的广大听众，不仅扩大了受众面，提高了社会影响力，更使得社会主义核心价值观的宣传宣教更接地气、聚人气、见实效。

3.3 开展多元化合作模式，打造资源共享、优势互补的良好局面

依托本馆的红色文化资源，对接当地及周边的红色文化景区、党史办、档案馆及高校等，实现馆区、馆校、馆办、馆馆等跨地区、跨行业、跨部门的深入合作，共同构建红色文化资源体验专线，实现红色文化资源的科学合理充分利用。虽然本馆的馆藏资源有限，但是可以与不同社会组织、文化场馆进行跨地区、跨行业、跨部门合作，以合作办展、借展等多种形式举办临时展览，达到资源共享、优势互补、合作共赢的目的和效果。

近年来，尤其是 2021 年，南京的革命纪念场馆和档案馆从红色档案的多维利用开发，到红色文化传播方式的不断创新，积极探索全方位、多层次、立体式打响南京红色文化品牌。

譬如，2021 年，红色丰碑专题展就是南京抗馆和南京市档案馆及南京各区档案馆共同举办的，依托南京抗馆展览宣传的优势和档案馆的众多红色档案资源，吸纳了民间收藏家珍藏的珍贵红色文物档案，使此次展览取得圆满成功。南京抗馆还成为 2021 年南京首个“南京红色档案展览宣教室”，以“档案见证、南京百年、沧桑巨变、全面小康”为主题，以南京档案为载体，展览南京党史、新中国史、改革开放史，生动、丰富、系统地反映中国共产党在南京的伟大历程，直观形象地对党员、干部、群众开展党性宣教、革命传统宣教、爱国主义宣教。

2021 年 4 月 2 日，南京市档案馆联合市委网信办、雨花台烈士陵园管理局，开展“读党报、看档案、学党史”主题党日活动。活动吸引了来自金陵科技学院、南京航空航天大学图书馆等单位部分党支部的党员代表自发报名参加，参与党员 90 余人，使党史学习宣教工作走深走实，深入群众、深入人心。

3.4 推广馆校合作，让红色教育融进大中小学的思政课

思想政治理论课是落实立德树人根本任务的关键课程。青少年阶段是人生的“拔节育穗期”，最需要精心指导和栽培。我们办中国特色社会主义教育，就

是要理直气壮开好思政课，用习近平新时代中国特色社会主义思想铸魂育人，引导学生增强中国特色社会主义道路自信、理论自信、制度自信、文化自信，厚植爱国主义情怀、把爱国情、强国志、报国行自觉融入坚持和发展中国特色社会主义事业、建设社会主义现代化强国、实现中华民族伟大复兴的奋斗之中。

“双减”政策实施以来，孩子的课外辅导班少了，孩子的教育将如何拓展？这成为学校、家长和教育主管部门面临的问题。革命纪念馆在进行战略调整的同时，也要与国家、地方的政策扶持相结合。一是健全馆校合作机制，促进纪念馆的红色资源融入教育体系，提升中小学生利用博物馆纪念馆学习效果。革命纪念馆可以主动出击，研发具有自身特色的红色教育课程，也可以与其他纪念馆、党史馆、文化场馆，甚至红色旅游景点合作，共同开发研究适合不同年龄学生的思政课程，或定制个性化的思政小课程，满足大中小学校课内、课外的不同的教育需求。二是地方文旅及教育等主管部门应积极推广馆校合作的典型，发挥其示范带动作用，大力宣传、不断推进，全面加快馆校合作的快速、协调、健康发展。文旅部门可以申报项目的形式，对表现突出的单位给予奖励，同时给予适当的经费支持。地方教育主管部门在积极引导的同时，可以适当给予教育补贴，评选优秀案例，推广创新模式。三是鼓励社会资本进入研究展示、研学宣教开发体系，运用市场智慧推动革命纪念馆健康发展，激发纪念馆的潜在市场价值。与此同时，革命纪念馆也应主动走进企事业单位，开发针对成人的思政教育课程（特色团建课程）。

结语

追寻红色记忆，传承红色基因。在新时代下，要让底蕴丰厚的红色文化与年轻观众的心贴得更紧，就必须讲好红色故事、搞好红色宣教。因此，档案馆、纪念馆要恪守社会责任，以“传承＋创新”的方式，深入开发好、利用好红色文物、档案，让红色文物、档案活起来、火起来、靓起来。依托包括红色文物、档案在内的宝贵的红色遗产资源，结合深厚的历史文化底蕴，积极探索出红色文化品牌建设路径，坚持保护为本、故事为媒、创新为要，加强对红色遗产资源的挖掘、保护和活化利用，树立了红色品牌，着力打造唱响红色主旋律的红色革命圣地、爱国主义宣教的红色基地。

“欲知大道，必先为史。”历史是最好的教科书，蕴含着生生不息的思想力量、文化基因、精神动能。革命纪念场馆、档案馆等就是要将革命历史通过展览、宣教等形式，讲深、讲透，讲活，讲得深入人心。革命纪念场馆、档案馆红色文物、档案的活化利用是一项长期性、系统性的工作，不光需要各馆集思广益、开拓思路，更需要馆与所在地区、周边地区的红色纪念地联动合作。我们应力求将红色文物、档案中蕴含的思想力量、文化基因、精神动能传递到每个观众的心里，使广大人民尤其是青少年深刻了解中国共产党永葆先进、不断从胜利走向胜利的根本原因，才能让每一位党员从中国共产党的伟大历史中，从抗战英烈的英勇事迹中汲取智慧和力量，不断砥砺初心与恒心，团结奋进，实现中华民族的伟大复兴。

廖锦汉，张瀚巍，中山陵园管理局；薛莲，程薇薇，南京抗日航空烈士纪念馆

参考文献

[1] 程薇薇，王伟，王宇，等. 自媒体时代抗战档案爱国主义教育的实施途径探析［J］. 中国档案，2017（6）：36-37.